Basteln macht viel Spaß

Faszinierende Ideen mit dem Fünfeck

Susanne Rennert

Bibliografische Information der Deutschen Nationalbibliothek: Die Deutsche Nationalbibliothek verzeichnet diese Publikation in der Deutschen Nationalbibliografie; detaillierte Daten sind im Internet über http://dnb.dnb.de abrufbar.

Alle Texte, Textteile, Grafiken, Layouts sowie alle sonstigen schöpferischen Teile dieses Werks sind unter anderem urheberrechtlich geschützt.

Text, Illustrationen: Susanne Rennert
Cover: Susanne Rennert, Bild Anne Kitzman

Alle Spiele in diesem Buch sind sorgfältig ausgewählt und geprüft. Dennoch kann keine Garantie übernommen werden. Eine Haftung für Personen-, Sach- und Vermögensschäden sind ausgeschlossen.

www.die-zauberkiste.de
1.Auflage 2015
Herstellung und Verlag
BoD – Books on Demand, Norderstedt
ISBN: 9783738641585

Inhalt

Vorwort 5
Was ist ein Pentagon? Was ist ein Pentagramm? 7
Materialkunde 11
Schablonen herstellen 14
Schablonen 15
Anhänger: Fünfstern in Rahmen 16
Die Pentagramm-Grußkarte 20
Teelichtständer: Seerose 25
Teelichtständer: Lotusblume geschlossen 28
Teelichtständer: Lotusblume offen 31
Teelichtständer Blüte 34
Fensterbild a: Fünfstern im Fünfstern 37
Fensterbild b: Fünfstern in Pentagon 40
Fensterbild c: Fünfstern 42
Wanddekoration: Großer 8-zackiger Stern 45
Blütenformschachtel 48
Tischkärtchen 51
Die klassische Grußkarte 53
Bunte Glitzersterne 56
Untersetzer 58
Ein Rahmen für eine Zeichnung 61
Windmühle I 63
Windmühle II 66
Ein kleines Liebesbrieflein 69
Bilderrahmen einfach 71

Bilderrahmen Deluxe 73
Ein Pentagramm als Dekoration 76
Ein Geschenkanhänger 78
Eine Pentagramm-Glitzerbrosche 80
3-D Fünfstern 82
Das Mobilé 86
Das Lesezeichen „Magic Star" 88
Danksagung: 91
Weitere Bücher von der Autorin 92

Vorwort

Von Kindheit an habe ich gerne gebastelt. Es war eine meiner Lieblingsbeschäftigungen.

Jeden Bastelbogen, den ich bekommen konnte, habe ich mit Wonne fertiggestellt. Und die gab es reichlich. Ich lernte viele Kniffe und Tricks.

Später gab ich selber Bastel- und Zauberkurse für Kinder. Dabei war mein Hauptanliegen die Tricks, die aufgeführt werden sollten, selber herzustellen und zu basteln. Darüber sind mehrere Bücher von mir entstanden.

Dann begegnete mir das Pentagramm, der Fünfstern! Zuerst in einer anthroposophischen Institution, wo ich den Fünfstern in Heileurythmie formte. Bei den Anthroposophen lernte ich auch den Anhänger kennen, der mich sehr faszinierte. Von da an beobachtete ich sehr viel und fand fast überall um mich herum das Pentagramm. In der Natur ist es bei den Blumen und Pflanzen zu entdecken, ob als Blüte oder Frucht bis hin ins Weltall, wo es in der Planetenbewegung zu finden ist. Dies begeisterte mich und spornte mein Interesse an, mich intensiver mit dieser Form zu beschäftigen.

Als ich mich entschied ein Buch darüber zu schreiben, strömten mir die Ideen zu und ich entdeckte immer reichhaltigere Formationen, die aus der Grundform des Pentagons entstehen.

Ich wünsche Ihnen, dass Sie diese Faszination erleben. Entdecken Sie, wie die Form des Fünfsterns oder Pentagons in vielfältigen Variationen vorkommt. Verschönern Sie Ihre Umgebung mit den vielen Sternen.

Entdecken Sie Ihre Kreativität. Bekleben Sie Ihre Fenster mit den transparenten Fünfsternen oder verwandeln Sie Ihre Wände in Schmuckstücke. Genießen Sie romantische Abende mit den Teelichtständern. Verschenken Sie Ihre Geschenke an liebe Freunde in einer der selbstgemachten Sternenschachteln. Beglücken Sie Ihre Kinder mit

einem Windspiel. Und erfreuen Sie sich selbst an den selbstgebastelten Fünfsternen.
Ich wünsche Ihnen viel Spaß beim Basteln.

Ihre

Susanne Rennert

Was ist ein Pentagon? Was ist ein Pentagramm?

Pentagon heißt Fünfeck und Pentagramm heißt Fünfstern. Das Pentagon und das Pentagramm sind miteinander verbunden. Beide sind voneinander getrennt nicht denkbar. Der eine ist im anderen enthalten und umgekehrt. Aus der einen Form entsteht die andere.
Der Kreis besteht aus 360°. Ein Pentagon entsteht, wenn wir den Kreis in 5 gleichgroße Teile teilen. Sie sind 72° voneinander entfernt. Werden diese Punkte miteinander verbunden ergibt es das Pentagon.

Das Pentagon ist eine geometrische Form. Wenn wir die Mitte der Kanten des Pentagons verlängern, entsteht ein Pentagramm. Wenn wir die Ecken im Pentagon miteinander verbinden, entsteht ein Fünfstern und im inneren des Fünfsterns entsteht ein neues Pentagon. Wenn wir die Mitte der Kanten im Pentagon miteinander verbinden, entsteht ein neues Pentagon usw. Immer wieder entstehen diese Formen. In immer wieder anderen Variationen sind diese Formen enthalten und zu entdecken. Darauf beruhen diese Bastelideen, die einen Teil von den Geheimnissen sichtbar und greifbar machen. Das Pentagramm verbirgt viele Geheimnisse mit denen sich viele Mystiker und Wissenschaftler seit Jahrhunderten beschäftigen und es deuten. Nicht ohne Grund besteht das Pentagon in Amerika aus einem Fünfeck (Sitz der Armeeführung und des Verteidigungsministeriums).

Die Form des Fünfsterns findet in unserer Gesellschaft fast überall Verwendung. Die amerikanische Flagge besteht aus lauter Pentagrammen. Und nicht nur zur Weihnachtszeit finden wir diese Form. Ob als Hosenknöpfe, als Kerzenständer, auf Stoffen und Tischdecken gedruckt oder in Logos von Firmen. Überall weist es auf etwas Besonderes hin. Gehen Sie auf die Suche. Sie werden Staunen, wo Sie das Zeichen überall entdecken.

Am schönsten ist es in der Natur. Dort finden Sie es in einem exakt gebildeten Fünfstern in Blüten oder in Früchten, in einer genauen Fünfsternformation wie hier bei dieser Sternfrucht (Carambole). Sie werden begeistert sein und andächtig, in welch tollen Gebilden die Natur dieses Wunderwerk formt.

Bei dieser Wachsblume besteht die Blütendolde aus einer faszinierenden Fünfsternform.

Die Blüte des Birnbaums besteht aus 5 Blüten, die ebenfalls an einen Fünfstern erinnern.

Der Fünfstern hat auch eine magische Bedeutung. Der Fünfstern besteht aus fünf spitzen Ecken. Die fünf Zacken sind gleichzusetzen mit dem Menschen. Fünf Finger hat eine Hand, fünf Zehen der Fuß und fünf Extremitäten besitzt der Körper; Kopf, 2 Arme und 2 Beine.
Wenn die Arme des Menschen ausgebreitet sind und die Füße gespreizt, so entsteht ein vollkommenes Fünfeck.

Bei den Phytagoräern stand das Zeichen für Gesundheit und im Mittelalter schützte man sich damit vor Hexen. Es wurde ihm sogar Gewalt über böse Geister zugeordnet. Heutzutage ist das alles überholt. Oder etwa nicht?
Schon lange vor unserer Zeit beschäftigten sich die Menschen mit diesem Zeichen und ordneten es als Schutzsymbol ein. Vielfältig waren die Bedeutungen und ihre Anwendungsweise.

Auch wenn heutzutage ihre Bedeutung in den Hintergrund gerückt ist, so ist der Fünfstern als Dekorationsmittel sehr weit verbreitet. Entdecken Sie für sich die wunderschöne Form des Fünfsterns und nutzen sie es für die Verschönerung ihres Alltags.

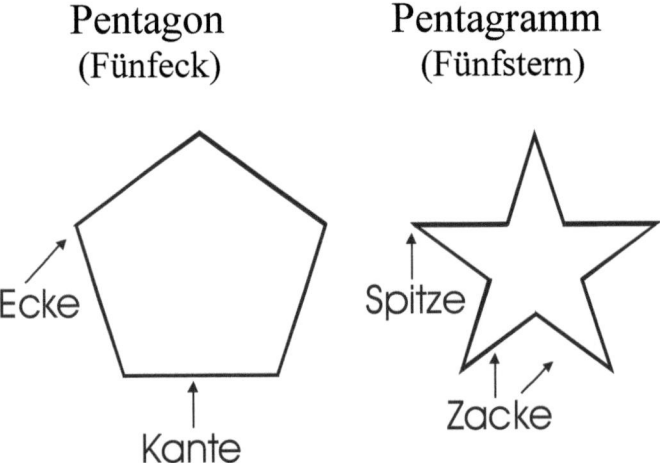

Materialkunde

Papier und Pappe sind ein tolles Material. Es gibt sie in verschiedenen Stärken, Größen und unzähligen Farben. Man braucht kein aufwendiges Werkzeug dazu, um damit zu arbeiten. Es ist einfach damit zu basteln. Man braucht keinen speziellen Arbeitsplatz. Ein Tisch reicht aus.
Für Kinder und Erwachsene ist es ein ideales Material und es macht viel Spaß, die unendlichen Möglichkeiten auszuprobieren.
Für die Bastelarbeiten, die in diesem Buch beschrieben sind werden Papiere in verschiedenen Stärken gebraucht. Die Stärke richtet sich nach dem Papiergewicht, das in Gramm pro Quadratmeter angegeben wird. Das uns bekannteste Papier ist Kopier- oder Schreibmaschinenpapier, das meistens ein Gewicht von 80 g/m^2 hat.
Für unsere Zwecke brauchen wir Tonpapier, das eine Stärke von 130 g/m^2 hat und sich leicht falten lässt.

Für stabilere Bauten wird der Fotokarton genommen, der eine Stärke von 300 g/m^2 aufweist. Er ist stabiler, aber etwas schwieriger zu falten. Deshalb ist es ratsam, die Knicke vorher ein wenig mit dem Cutter (Bastelmesser) einzuritzen. Am besten auf der Seite einritzen, zu der gefaltet wird, sonst kann die Pappe leicht einreißen.
Beide Sorten haben den Vorteil, dass sie beidseitig gefärbt sind. Sie besitzen eine raue und eine glatte Seite.
Für einige Arbeiten wird der noch stabilere Plakatkarton verwendet. Der ist einseitig bedruckt. Transparentpapier ist um einiges leichter und ist für Fensterbilder zu gebrauchen, da es durchscheinend ist.

Damit aus den Bastelarbeiten kleine Kunstwerke werden, brauchen Sie das geeignete Werkzeug. Neben Bleistift, Lineal und Radiergummi sind Scheren ganz wichtig. Für grobe und große Schnitte eignet sich eine große Schere. Für kleine Schnitte, Kurven und Ecken ist eine kleine Schere zu empfehlen. Für Kinder gibt es spezielle Bastelscheren, die die richtige Größe für ihre kleinen Händchen aufweisen. Auch Links-

händer-Scheren gibt es zu erwerben. Fragen Sie im Bastelgeschäft nach und probieren Sie einige aus.
Natürlich darf Klebstoff nicht fehlen. Ihn gibt es entweder flüssig in Flaschen, in Tuben oder als festen Klebstoff als Klebestift mit oder ohne Lösungsmittel.

Achten Sie bei den Sternen beim Falten und Schneiden auf Genauigkeit. Drücken Sie die Knicke mit dem Finger nochmal nach, da jede Ungenauigkeit später zu Veränderungen führt und daher zu sehen ist oder die Teile nicht aufeinanderpassen.
Zum Zeichnen und Schneiden mit dem Cutter ist eine feste Arbeitsunterlage aus Zeitung oder Karton zu empfehlen, da man sonst auf den Tisch schneidet oder malt. Das könnte störende und unliebsame Nebeneffekte hervorrufen.

Materialliste:
1. Bleistift
2. Lineal
3. Radiergummi
4. Spitzer
5. Cutter
6. Zirkel
7. Schablonen
8. große Schere
9. Bastelschere für Kinder
10. kleine Schere
11. Plakatkarton 380 g/m^2
12. Fotokarton 300 g/m^2
13. Regenbogenkarton 300 g/m^2
14. Tonpapier 130 g/m^2
15. Elefantenhaut
16. Transparentpapier

+ Klebstoff und Arbeitsunterlage

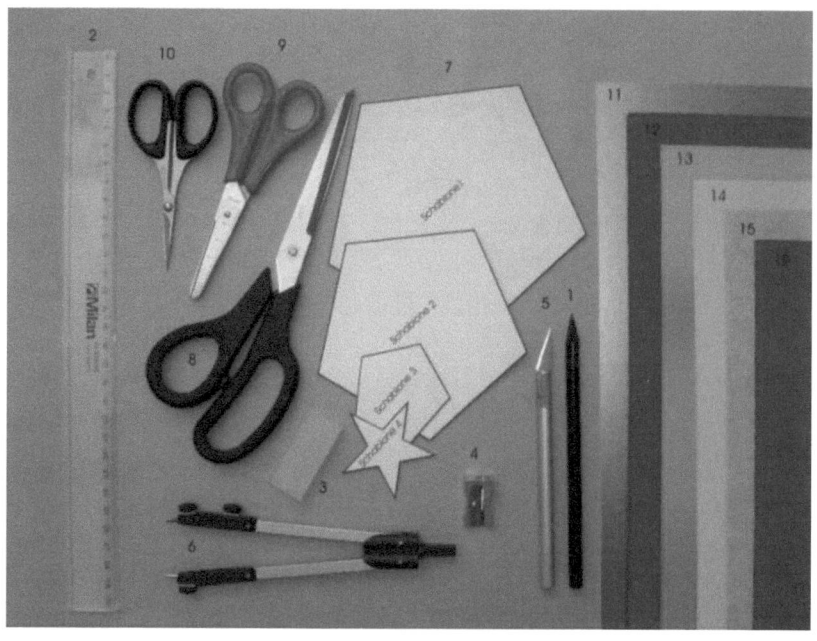

Schablonen herstellen

Schablonen sind ein wertvolles Hilfsmittel. Sie können eine Menge Zeit sparen, wenn Sie Schablonen benutzen. Sie brauchen nicht bei jeder Bastelarbeit die jeweilige Form abpausen. Sie brauchen nur die Schablone auf das jeweilige Papier legen und die Ränder mit Bleistift nachzeichnen.

Vier Schablonen bilden die Ausgangsformen von allen Bastelarbeiten. Die Schablonen hängen alle miteinander zusammen und sind miteinander verbunden. Ausgangsform ist die Schablone 1. Alle weiteren Schablonen sind in dieser Schablone enthalten.

Wenn wir die Mitte der Kanten miteinander verbinden, entsteht Schablone 2.

Wenn wir die Ecken in Schablone 1 miteinander verbinden, entsteht ein Pentagramm, ein Fünfstern. Im Inneren entsteht ein neues Pentagon, das die Schablone 3 ergibt. Die Ecken in Schablone 3 verbunden, ergibt die Grundform der Schablone 4.

Wenn wir an die Kanten von Schablone 3 je ein Pentagon in derselben Größe zeichnen, ist das Ergebnis die Fläche von Schablone1.

Stellen Sie die Schablonen her:
1. Kopieren Sie die Vorlagen aus dem Buch.
2. Schneiden Sie sie aus.
3. Kleben Sie sie auf festen Karton.
4. Schneiden Sie die Schablonen aus dem Karton aus. Fertig!

Tipp: Immer wieder fallen im Haushalt Reste von stabilen Kartons an, z.B. die Rückseite von Zeichenblöcken oder Kalendern. Sie finden super Verwendung für die Schablonen.

Schablonen

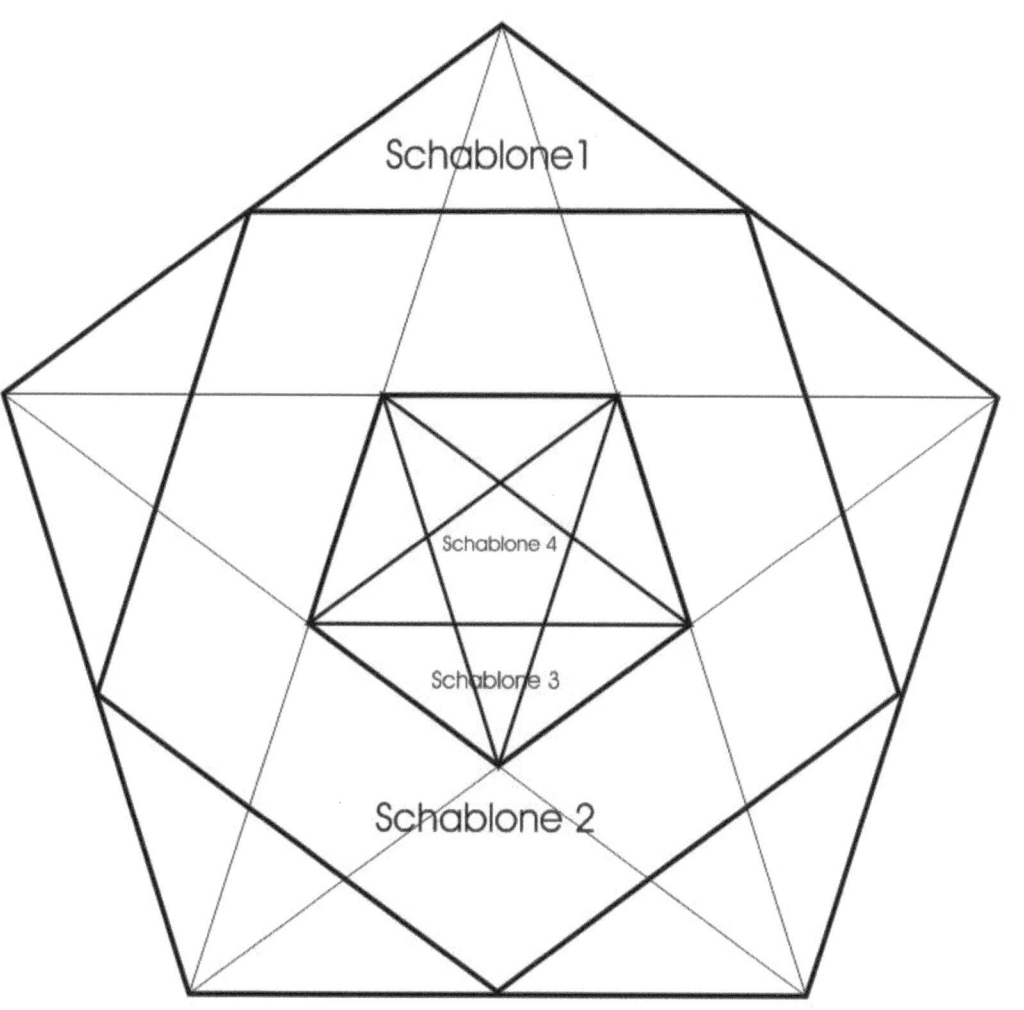

Anhänger: Fünfstern in Rahmen

Dies ist ein hübscher Anhänger, den Sie an ein Fenster hängen können.

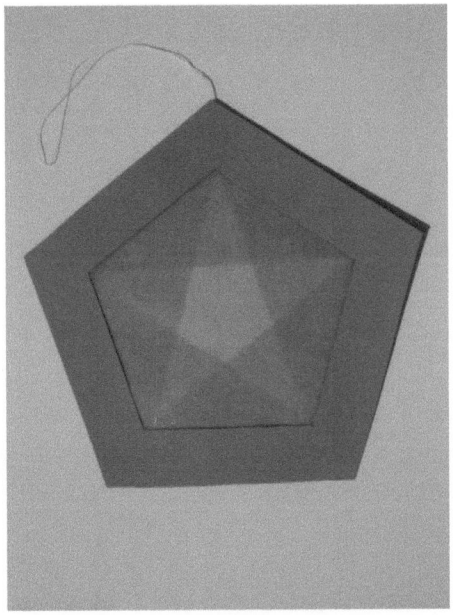

Materialien: Bunter Fotokarton, Transparentpapier, Bindfaden 24 cm, Schere, Schablone 1, Kleber, Bleistift, Lineal

1. Nehmen Sie die Schablone 1.

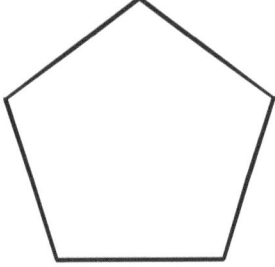

2. Legen Sie sie auf den Fotokarton und zeichnen die Ränder nach.

3. Stellen Sie einen Rahmen her. Markieren Sie hierzu die Mitte der Kanten. Legen Sie das Lineal an die Mitte und an die gegenüberliegende Ecke. Zeichnen Sie einen Punkt nach 2 cm. Wiederholen Sie dies an allen fünf Ecken des Pentagons.
4. Verbinden Sie die 5 Punkte.

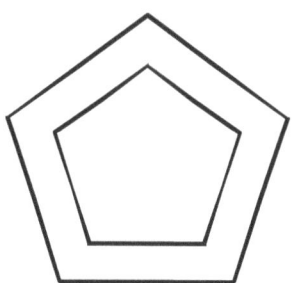

5. Schneiden Sie den Rahmen aus.
6. Stellen Sie einen zweiten Rahmen in derselben Größe her.
7. Als Nächstes werden fünf Dreiecke aus dem Transparentpapier gebraucht, aus denen im Rahmen ein Fünfstern geformt wird. Sie werden aus den Pentagonen hergestellt. Aus einem Pentagon entstehen drei Dreiecke.
Legen Sie Schablone 1 auf das Transparentpapier und stellen Sie drei Pentagone her.
8. Verbinden Sie die erste und dritte Ecke des Pentagons mit einem Strich (siehe Zeichnung).
9. Ziehen Sie einen weiteren Strich von Ecke 3 nach Ecke 5.
10. In der Mitte des Pentagons ist ein weiteres Dreieck. Schneiden Sie diese Flächen aus.
11. Stellen Sie noch zwei weitere Dreiecke aus dem 2.ten Pentagon her. Da die Dreiecke für unsere Zwecke etwas zu breit sind, kürzen Sie die beiden äußeren Ecken um je 1 cm.

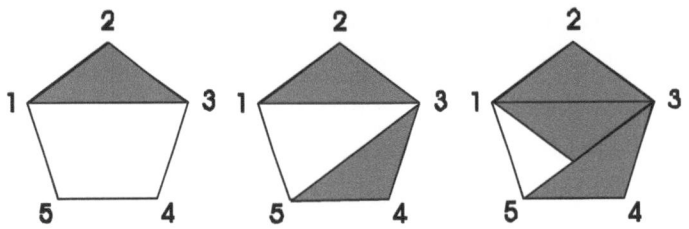

12. Radieren Sie die Bleistiftlinien weg.

13. Legen Sie ein Dreieck in den Rahmen, sodass die untere Kante die Verbindung von erster und dritter Ecke ergibt. Es muss genau die Ecken des inneren Rahmens überlappen (siehe Zeichnung).
14. Kleben Sie es hinein, indem Sie auf die beiden oberen Kanten des Dreiecks einen schmalen Streifen Klebstoff geben.

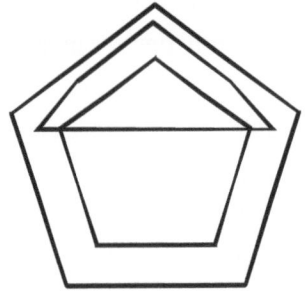

15. Ordnen Sie die anderen Dreiecke im Uhrzeigersinn in der gleichen Art im Rahmen an, eins über dem anderen. Die Formen, die im Rahmen sichtbar sind, ergeben ein neues Pentagramm/Fünfstern.
16. Das dritte Pentagon aus Transparentpapier kleben Sie über das Pentagramm/den Fünfstern. Geben Sie auf den Rand der Kan-

ten einen schmalen Streifen Klebstoff. Die Kanten, die überstehen, können Sie etwas kürzen.
17. Nehmen Sie den Bindfaden doppelt und verknoten sie die beiden Enden zusammen. Kleben Sie ihn als Anhänger an eine Kante des Rahmens.
18. Kleben Sie den zweiten Rahmen über das Transparentpapier, sodass er genau über den ersten Rahmen passt.
Fertig ist der Anhänger.

Die Pentagramm-Grußkarte

Für fast jede festliche Gelegenheit ist die schöne Fünfstern-Grußkarte zu gebrauchen. Eine Augenweide für jeden Beschenkten. Den Umschlag in passender Form können Sie gleich mitbasteln.
Nehmen Sie für die Grußkarte hellen Fotokarton, damit man das Geschriebene gut lesen kann.

Materialien: Schablone 1, Fotokarton, Tonpapier, Transparentpapier, Bleistift, Lineal, Schere

1. Nehmen Sie die Schablone 1.
2. Legen Sie sie auf den Fotokarton.
3. Zeichnen Sie mit einem gut gespitzten Bleistift die Ränder nach, sodass ein Pentagon entsteht.
4. Legen Sie die Schablone an eine andere Kante des Pentagons und zeichnen ein weiteres Pentagon. Schneiden Sie es aus.

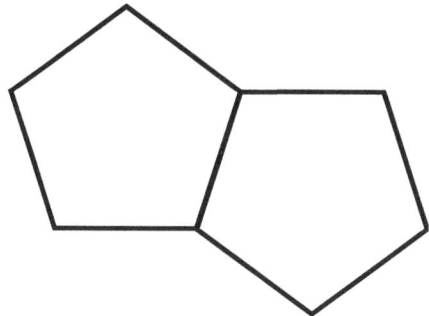

5. Ritzen Sie die Kante, die die beiden Pentagone verbindet, mit einem Cutter ein und falten die Grußkarte in der Mitte zusammen.
6. Für die Vorderseite wird ein „Fünfstern im Rahmen" gebastelt. Nehmen Sie Tonpapier und stellen ein weiteres Pentagon mit der Schablone 1 her.
7. Stellen Sie mit dem Lineal einen Rahmen her. Ziehen Sie 2 cm lange Striche von den Ecken zur Mitte hin.

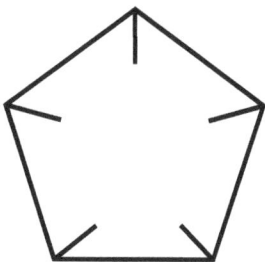

8. Verbinden Sie die Eckpunkte und schneiden das entstandene Pentagon aus.

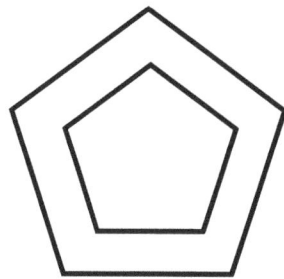

9. Als Nächstes werden fünf Dreiecke aus dem Transparentpapier gebraucht, aus denen für den Rahmen ein Fünfstern geformt wird. Sie werden aus den Pentagonen hergestellt. Aus einem Pentagon entstehen drei Dreiecke. Legen Sie Schablone 1 auf das Transparentpapier und stellen Sie drei Pentagramme her.
10. Verbinden Sie die erste und dritte Ecke des Pentagons mit einem Strich (siehe Zeichnung).
11. Ziehen Sie einen weiteren Strich von Ecke 3 nach Ecke 5.
12. In der Mitte des Pentagons ist ein weiteres Dreieck. Schneiden Sie diese Flächen aus.
13. Stellen Sie noch zwei weitere Dreiecke aus dem anderen Pentagon her.

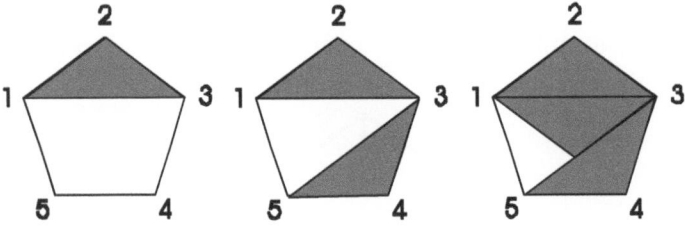

14. Da die Dreiecke für unsere Zwecke etwas zu breit sind, kürzen Sie die beiden äußeren Ecken um je 1 cm.

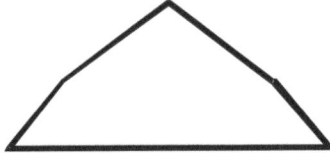

15. Radieren Sie die Bleistiftlinien weg.
16. Legen Sie ein Dreieck in den Rahmen, sodass die untere Kante die Verbindung von erster und dritter Ecke ergibt. Es muss genau die Ecken des inneren Rahmens überlappen (siehe Zeichnung).

17. Kleben Sie es hinein, indem Sie auf die beiden oberen Kanten des Dreiecks einen schmalen Streifen Klebstoff geben.

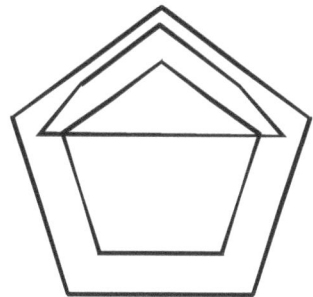

18. Ordnen Sie die anderen Dreiecke im Uhrzeigersinn in der gleichen Art im Rahmen an, eins über dem anderen. Die Formen, die im Rahmen sichtbar sind, ergeben einen neuen Fünfstern.
19. Kleben Sie den Rahmen auf die Vorderseite der Grußkarte.

Der Umschlag

Die Grußkarte passt genau in den Umschlag hinein.

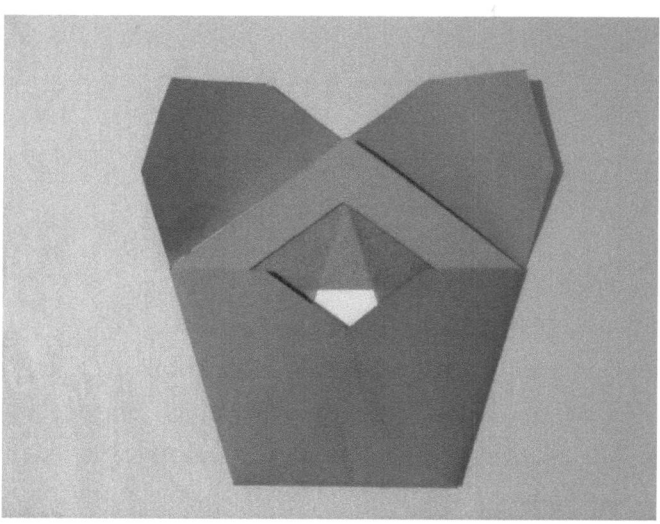

Materialien: Großer Bogen Tonpapier, Schablone 1, Lineal, Schere, Bleistift

1. Nehmen Sie die Schablone 1.
2. Legen Sie sie auf den Fotokarton.
3. Zeichnen Sie mit einem gut gespitzten Bleistift die Ränder nach, sodass ein Pentagon entsteht.
4. Da der Umschlag etwas größer sein muss als die Grußkarte, fügen Sie an jeder Kante 1 mm hinzu.
5. Verlängern Sie die Kanten um je 4,1 cm. Markieren Sie die Mitte der Kanten des Pentagons.
6. Legen Sie auf dieser Linie ein Lineal an und zeichnen Sie einen 6,4 cm langen Strich von der Kante ausgehend nach außen.
7. Verbinden Sie die Verlängerung der Kanten mit den Strichen in der Mitte (siehe Zeichnung).
8. Schneiden Sie die Zeichnung aus.

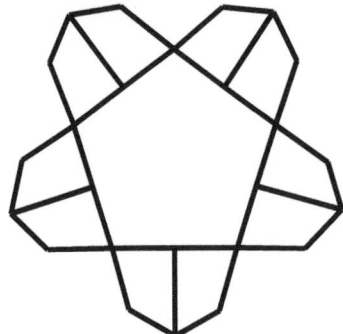

9. Falten Sie die 5 entstandenen Spitzen an den Kanten nach innen gegen den Uhrzeigersinn.
10. Radieren Sie die Bleistiftlinien weg.
11. Die 3 unteren Spitzen kleben Sie übereinander. Jetzt können Sie die Grußkarte hineinschieben. Die beiden übrigen Spitzen können Sie entweder in die anderen hineinstecken oder zukleben. Auf die andere Seite können Sie z.B. mit einem Silber-Gelstift den Adressaten schreiben.

Teelichtständer: Seerose

Aus dem Pentagon können Sie einen schönen Teelichthalter falten. Hierzu werden nur wenige Schnitte getätigt.

Materialien: Schere, Schablone 1, Kleber, bunter Fotokarton, Bleistift, Lineal

1. Nehmen Sie die Schablone 1.

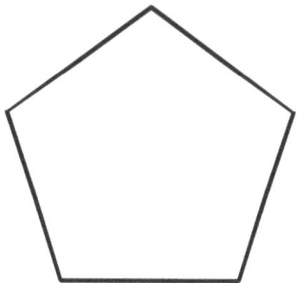

2. Legen Sie sie auf den Fotokarton.

3. Zeichnen Sie mit einem gut gespitzten Bleistift die Ränder nach, sodass ein Pentagon entsteht.
4. Zeichnen Sie mit Hilfe eines Lineals ein Pentagramm/Fünfeck in das Pentagon, indem Sie die Ecken mit einem Strich verbinden. Drücken Sie nur leicht auf, damit der Strich nur angedeutet ist. Er lässt sich dann leichter wegradieren.

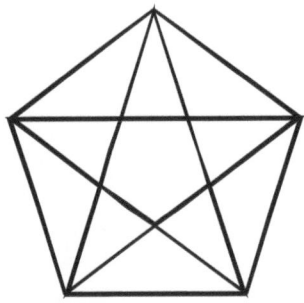

5. Schneiden Sie das Pentagon aus.
6. Markieren Sie auf dem Pentagon die Mitte der äußeren Kanten.
7. Zeichnen Sie eine Linie von der Mitte der Kanten bis zum Ansatz des Sterns (Siehe gestrichelte Linie auf der Zeichnung).

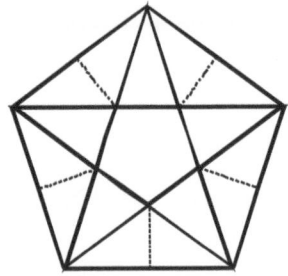

8. Schneiden Sie die gestrichelten Linien ein.
9. In der Mitte des Sterns finden Sie ein weiteres Pentagon. Knicken Sie die Zacken des Sterns an den Kanten des inneren Pentagons nach innen ein.
10. Falten Sie die entstandenen Dreiecke an den Seiten der Zacken des Sterns nach innen.

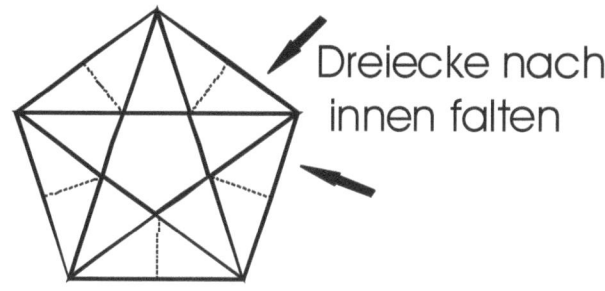

Dreiecke nach innen falten

11. Radieren Sie die Bleistiftlinien weg.
12. Legen Sie die zwei nebeneinanderliegenden Dreiecke übereinander. Geben Sie Kleber auf die Stelle, an der sie sich überschneiden. Drücken Sie sie zusammen, bis sie fest kleben.
    Das Stück an dem sie sich überschneiden, sieht einer Drachenform ähnlich.

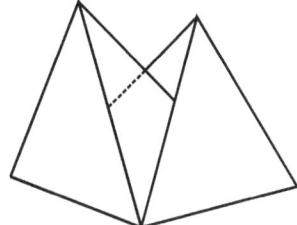

13. Wiederholen Sie dies mit allen übrigen Zacken.
14. Sie können nun die Seiten des Ständers bekleben, z.B. mit kleinen Sternen oder anderen Bildern. Mit einem Stern-Motivstanzer können Sie Sterne ausstanzen. Falls Sie keine selbstklebenden zur Hand haben, nehmen Sie Alufolie dazu. Das ergibt schöne silberne Sterne.
15. Fertig ist der Seerosenteelichtständer.

Teelichtständer: Lotusblume geschlossen

Nehmen Sie für den Teelichtständer einen Regenbogenkarton. Durch die mehreren Farben sieht der Teelichtständer sehr schön aus.

Materialien: Regenbogenfotokarton, Schablone 1 und Schablone 3, Schere, Kleber, Bleistift Lineal, Cutter.

1. Nehmen Sie die Schablone 1.

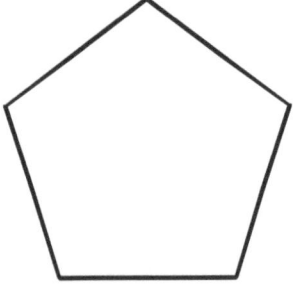

2. Legen Sie sie auf den Regenbogenfotokarton.

3. Zeichnen Sie mit einem Bleistift die Ränder nach, sodass ein Pentagon entsteht.
4. Schneiden Sie das Pentagon aus.
5. Zeichnen Sie mit Hilfe eines Lineals ein Pentagramm/Fünfeck in das Pentagon, in dem Sie die Ecken mit einem Strich verbinden.

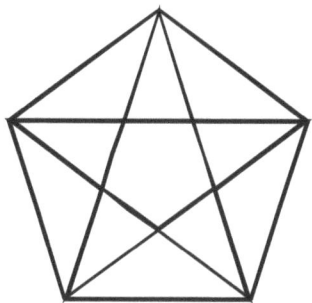

6. Nehmen Sie Schablone 3. Die Schablone entspricht der Größe des Pentagons, das im Inneren des Pentagons von Schablone 1 entsteht, wenn Sie ein Pentagramm/Fünfstern hineinzeichnen.
7. Legen Sie die Schablone 3 an die Kanten des inneren Pentagons und zeichnen die Ränder nach. Es reicht genau bis in die Ecken des äußeren Pentagons hinein. Es entstehen weitere fünf kleine Pentagone.

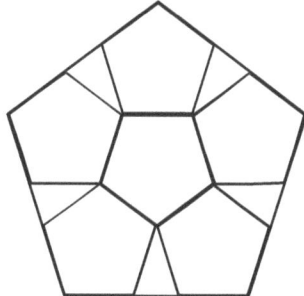

8. Zwischen den Pentagonen entstehen kleine Dreiecke. Sie dienen später als Klebelaschen. Markieren Sie die Mitten an den Seitenkanten und schneiden Sie bis zur Kante des inneren Pentagons ein.

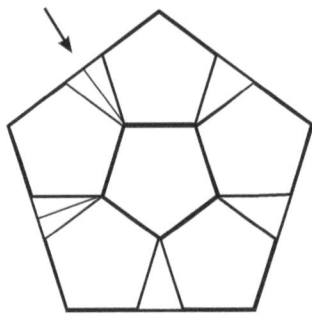

9. Ritzen Sie die Kanten der fünf äußeren kleinen Pentagone mit dem Cutter ein.
10. Radieren Sie die Bleistiftlinien weg.
11. Knicken Sie die Dreiecke nach innen ein.
12. Knicken Sie die fünf äußeren kleinen Pentagone nach innen ein.
13. Geben Sie Klebstoff auf die Dreiecke und kleben Sie sie zusammen, sodass sie wie Spitzen in das Innere des Teelichtständers ragen. Fertig!

Stellen Sie ein Teelicht in den Ständer hinein und genießen Sie romantische Abendstunden.

Teelichtständer: Lotusblume offen

Das ist eine Variante des Teelichtständers Lotusblume geschlossen. Der Anfang ist derselbe. Zwei gleiche Ausgangssituationen mit zwei verschiedenen Ergebnissen.

Materialien: Regenbogenfotokarton, Schablone 1 und Schablone 3, Schere, Kleber, Bleistift, Lineal, Cutter.

1. Nehmen Sie die Schablone 1.

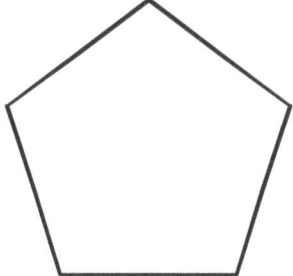

2. Legen Sie sie auf den Regenbogenfotokarton.

3. Zeichnen Sie mit einem Bleistift die Ränder nach, sodass ein Pentagon entsteht.

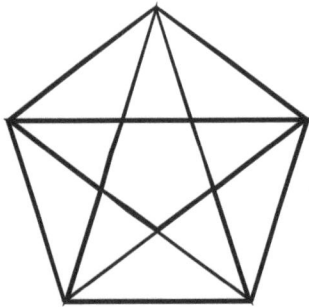

4. Schneiden Sie das Pentagon aus.
5. Zeichnen Sie mit Hilfe eines Lineals ein Pentagramm/Fünfeck in das Pentagon, indem Sie die Ecken mit einem Strich verbinden.

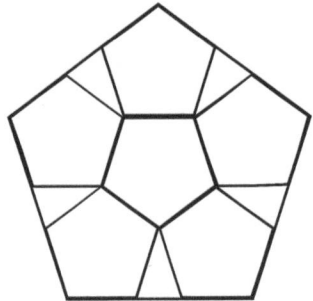

6. Nehmen Sie Schablone 3. Die Schablone entspricht der Größe des Pentagons, das im Inneren des Pentagons von Schablone 1 entsteht, wenn Sie ein Pentagramm/Fünfstern hineinzeichnen.
7. Legen Sie die Schablone 3 an die Kanten des inneren Pentagons und zeichnen Sie die Ränder nach. Es reicht genau bis in die Ecken des äußeren Pentagons hinein. Es entstehen weitere fünf kleine Pentagone.
8. Zwischen den Pentagonen entstehen kleine Dreiecke. Sie dienen später als Klebelaschen. Markieren Sie die Mitten an den Sei-

tenkanten und schneiden Sie dort bis zur Kante des inneren Pentagons ein.

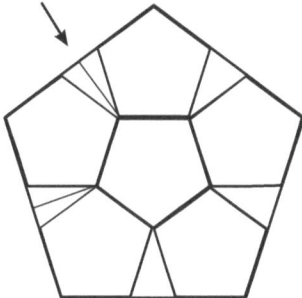

9. Ritzen Sie die Kanten der fünf äußeren kleinen Pentagone mit dem Cutter ein.
10. Radieren Sie die Bleistiftlinien weg.
11. Schneiden Sie jeweils ein kleines Dreieck auf jeder rechten Seite der Pentagone aus, sodass eine Klebelasche an einer Seite des Pentagons übrig bleibt.
12. Drehen Sie das Pentagon um und ritzen Sie mit dem Cutter eine Linie von der linken zur rechten Ecke der kleinen Pentagone.
13. Knicken Sie die oberen Spitzen der Pentagone nach außen um.
14. Knicken Sie die Klebelaschen nach innen ein.
15. Knicken Sie die fünf äußeren kleinen Pentagone nach innen ein.
16. Geben Sie auf die äußere Seite der Klebeflächen Klebstoff und kleben Sie die Pentagonflächen darauf. Es entsteht durch das Umknicken der Spitzen ein weiteres Pentagon. Fertig!

Teelichtständer Blüte

Dies ist ein Teelichtständer in einer Blütenform. Durch die Verbindung von Pentagon und Halbkreisen wird er im Ganzen größer. Er sieht sehr schön aus.

Materialien: Schablone 1, Lineal, Bleistift, Schere, Zirkel, Fotokarton, Cutter

1. Zeichnen Sie mit Hilfe der Schablone 1 ein Pentagon auf den Fotokarton.

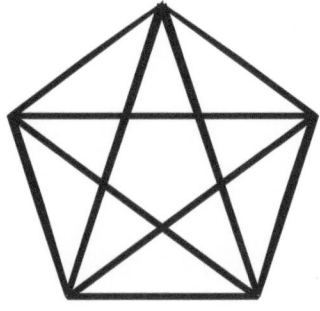

2. Zeichnen Sie ein Pentagramm/Fünfstern in das Pentagon, indem Sie die Ecken mit einem Strich verbinden.

3. Markieren Sie die Mitte der Kanten.
4. Zeichnen Sie mit dem Zirkel an jede Kante einen Halbkreis. Es entsteht eine Blüte.
5. Ritzen Sie mit dem Cutter die Kanten des Fünfsterns ein.
6. Knicken Sie die Kanten des Fünfsterns nach außen. Drehen Sie die Blüte um.

7. Ziehen Sie einen Strich in der Mitte der Halbkreise. Orientieren Sie sich nach der Kante des inneren Pentagons und der gegenüberliegenden Seite und ritzen Sie sie mit dem Cutter ein.
8. Knicken Sie die Ritze nach außen ein.
9. Knicken Sie den Ständer so, dass die Knicke der Halbkreise nach außen zeigen und die Ritze der Zacken nach innen. In der

Mitte ist das kleine Pentagon, auf das Sie das Teelicht stellen (siehe Foto).

Fensterbild a: Fünfstern im Fünfstern

Drei verschiedene Fensterbilder aus derselben Grundform.
Aus dem Pentagon kann man ein schönes Pentagramm basteln.

Materialien: Schere, Schablone 1, Kleber, buntes Transparentpapier, Bleistift, Lineal

1. Nehmen Sie die Schablone 1.

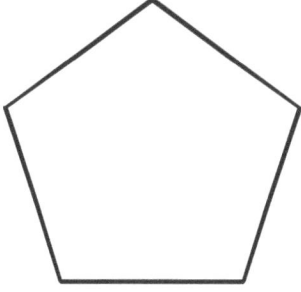

2. Legen Sie sie auf das Transparentpapier.

3. Zeichnen Sie mit einem Bleistift die Ränder nach, sodass ein Pentagon entsteht.

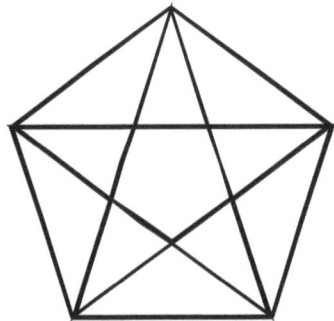

4. Zeichnen Sie mit Hilfe eines Lineals ein Pentagramm/Fünfeck in das Pentagon, indem Sie die Ecken mit einem Strich verbinden.

5. Schneiden Sie das Pentagon aus.
6. Schneiden Sie die rechte Seite der Zacke bis zum Ansatz der Ecke des inneren Pentagons ein.
7. Tätigen Sie diesen Schritt bei allen fünf Zacken.
8. Knicken Sie das entstandene Dreieck entlang der linken Seite der Zacke über die gesamte Zacke. Das Dreieck ragt bis zur übernächsten Ecke des inneren Pentagons. Es überdeckt die ganze Zacke (siehe Zeichnung).

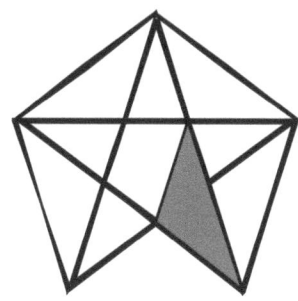

9. Kleben Sie sie fest.
10. Wiederholen Sie Schritt 6-9 bei allen fünf Zacken Richtung Uhrzeigersinn.
11. Im inneren kleinen Pentagon ist ein neues kleines Pentagramm/Fünfstern entstanden. Der Stern ist fertig. Sie können ihn am Fenster aufhängen.

Tipp: Um den Stern am Fenster aufhängen zu können, nehmen Sie Tesafilm. Damit das Tesafilm nicht auf dem Fenster zu sehen ist gehen Sie wie folgt vor.
Nehmen Sie einen Streifen Tesafilm ca. 4 cm lang. Knicken Sie 1/3 des Streifens um, sodass die Klebeflächen nach außen zeigen. Knicken Sie das letzte Drittel um, sodass der Streifen zusammenklebt. Es entsteht eine Röhrenform, die auf beiden Seiten klebt. Kleben Sie dies Stück auf den Stern und drücken Sie ihn an das Fenster.
Tipp: Um Fünfsterne in verschiedenen Größen herzustellen, nehmen Sie Schablone 2 oder 3. Basteln Sie, wie es oben beschrieben ist.

Fensterbild b: Fünfstern in Pentagon

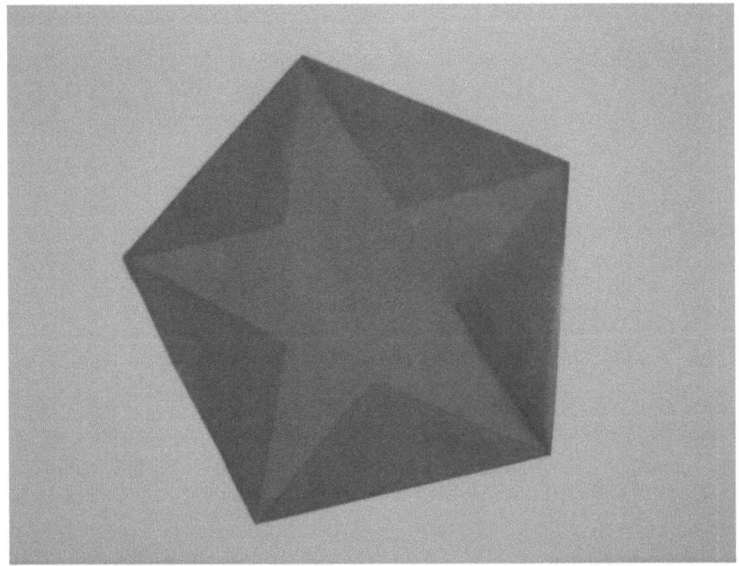

Materialien: Schere, Schablone 1, Kleber, buntes Transparentpapier, Bleistift, Lineal

1. Nehmen Sie die Schablone 1.

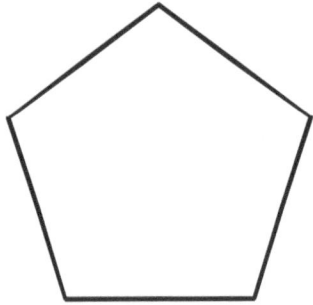

2. Legen Sie sie auf das Transparentpapier.

3. Zeichnen Sie mit einem Bleistift die Ränder nach, sodass ein Pentagon entsteht. Schneiden Sie es aus.

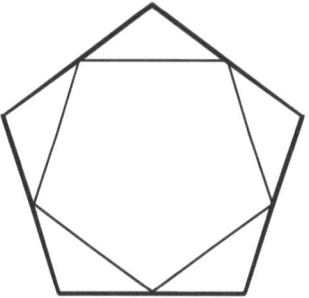

4. Markieren Sie die Mitten der äußeren Kanten.
5. Verbinden Sie mit einem Bleistift die Markierungen. Es entsteht ein neues Pentagon.
6. Falten Sie die Ecken an den entstandenen Linien Richtung Mittelpunkt nach Innen ein.
7. Radieren Sie die Bleistiftlinien weg.
8. Geben Sie etwas Klebstoff auf die Falten und kleben Sie sie fest. Die Falten ragen in das Pentagon hinein. Es entsteht durch die Falten ein Fünfstern. Das Fensterbild ist fertig zum Aufhängen!

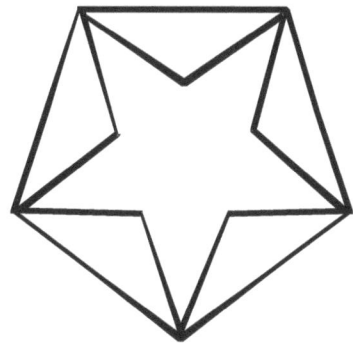

Fensterbild c: Fünfstern

Materialien: Schere, Schablone 1, Kleber, buntes Transparentpapier, Bleistift, Lineal

1. Nehmen Sie die Schablone 1.

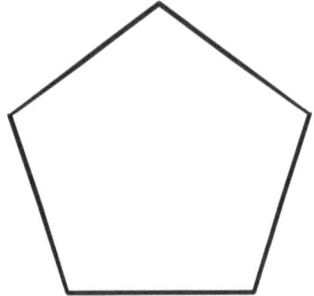

2. Legen Sie sie auf das Transparentpapier.

3. Zeichnen Sie mit einem Bleistift die Ränder nach, sodass ein Pentagon entsteht.
4. Zeichnen Sie mit Hilfe eines Lineals ein Fünfeck in das Pentagon, indem Sie die Ecken mit einem Strich verbinden.

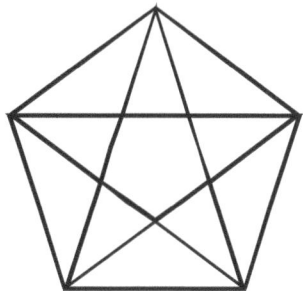

5. Schneiden Sie das Pentagon aus.
6. Markieren Sie auf dem Pentagon die Mitte der äußeren Kanten.
7. Zeichnen Sie eine Linie von der Mitte der Kante aus Richtung Mittelpunkt bis zum Ansatz des Sterns (siehe gestrichelte Linie auf der Zeichnung).
8. Wiederholen Sie dies bei allen fünf Kanten.

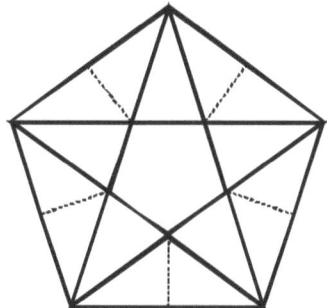

9. Schneiden Sie die gestrichelten Linien ein.
10. Knicken Sie die entstandenen Dreiecke an den Zacken nach innen ein. Über jeder Zacke werden zwei Dreiecke übereinandergefaltet.
11. Radieren Sie die Bleistiftlinien weg.

12. Falten Sie die Zacken wieder zu. Geben Sie unter die zweite Zacke etwas Klebstoff und kleben sie auf die erste Zacke. Es entsteht ein Fünfstern. Im inneren ist durch die Falten eine weitere 10-eckige Form zu sehen, die sehr schön am Fenster zum Vorschein kommt, wenn die Sonne scheint.

Wanddekoration: Großer 8-zackiger Stern

Aus acht Teilen können Sie den großen Stern zusammenstellen. Nehmen Sie zwei verschiedene Farben dafür. Durch die abwechselnden Farben sieht es so aus, als wären die Zacken ineinandergesteckt.
Sie können damit Wände oder Türen dekorieren. Der Fantasie sind keine Grenzen gesetzt.

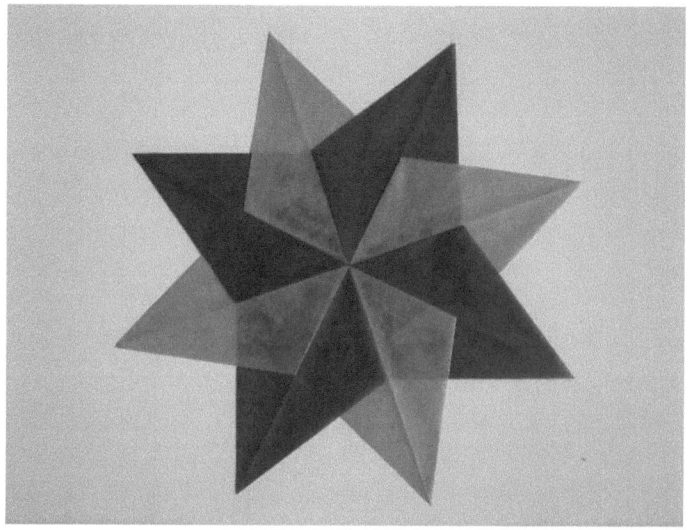

Materialien: buntes Transparentpapier in zwei Farben z.B. hellgrün und dunkelgrün, Schere, Schablone 1, Kleber, Bleistift, Lineal

1. Nehmen Sie die Schablone 1.

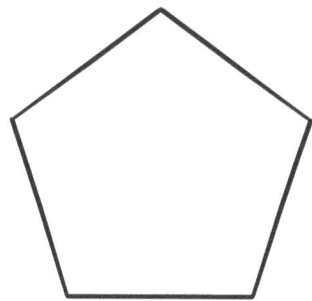

2. Legen Sie sie auf das Transparentpapier und zeichnen die Ränder nach, dass ein Pentagramm entsteht und schneiden Sie es aus.

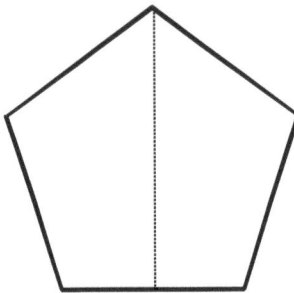

3. Falten Sie für den ersten Zacken von der oberen Ecke her das Papier in der Mitte zusammen. Streichen Sie es danach wieder auseinander.

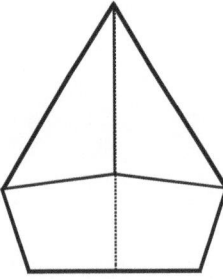

4. Falten Sie die linke und rechte obere Ecke bis zur Mittellinie ein.

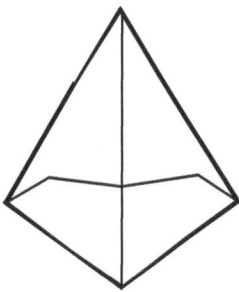

5. Als Nächstes falten Sie die beiden unteren Ecken bis zur Mittellinie. Geben Sie etwas Klebstoff auf die Falten und kleben Sie es zusammen.

6. Stellen Sie sieben weitere Zacken auf dieselbe Weise her.
7. Kleben Sie den Stern zusammen, indem Sie die Farben abwechselnd aufeinanderlegen. Geben Sie auf die rechte untere Seite des Zackens etwas Klebstoff. Legen Sie den zweiten Zacken auf den ersten, sodass die Kante auf der Mittellinie des ersten Zackens liegt und die beiden unteren Spitzen zusammen abschließen. Und so legen Sie einen Zacken nach dem anderen aufeinander.
8. Den letzten Zacken schieben Sie unter den ersten und kleben ihn fest. Fertig!

Tipp: Variieren Sie. Stellen Sie noch größere Sterne mit noch mehr Zacken her, indem Sie die oberen beiden Kanten noch einmal bis zur Mitte falten. Bei einer anderen Variante falten Sie nur die unteren beiden Kanten ein.

Blütenformschachtel

Diese dekorative Schachtel ist wirklich etwas Besonderes. Sie besteht aus 2 Teilen, dem Unterteil und dem Deckel. Der Deckel ist in einer Blütenform gestaltet. Ist der Deckel geschlossen, halten die Blütenblätter zusammen. Es ist ein Behälter, in dem Sie eine Menge aufbewahren können.

Materialien: Schablone 1, Lineal, Bleistift, Schere, Zirkel, Fotokarton, Cutter, großer Bogen Fotokarton, Schablone 2.

Der Deckel
1.-7. Siehe Teelichtständer Blütenform.
8. Schneiden Sie das innere Pentagon von der Mitte aus bis zu den Ecken ein. Es entstehen 5 gleichgroße Dreiecke, die nach außen gefaltet werden. Sie ergeben die Klebelaschen.

Das Unterteil

Materialien: Fotokarton, Schablone 2, Lineal, Schere, Lineal, Bleistift

1. Stellen Sie mit Hilfe der Schablone 2 ein Pentagon her.
2. Verlängern Sie jede Seite der Kanten um.

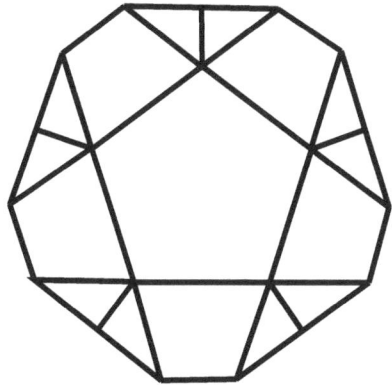

3. Verbinden Sie die Striche miteinander. Das ergibt die Außenwände der Schachtel.
4. Ziehen Sie einen Strich von den Ecken des Pentagons bis zu der Mitte der Kante (siehe Zeichnung). Es entstehen 2 Dreiecke.
5. Schneiden Sie die Zeichnung aus.
6. Die Dreiecke links neben den Wänden ergeben die Klebelaschen. Die Dreiecke rechts neben den Wänden schneiden Sie aus.
7. Ritzen Sie die Linien mit dem Cutter ein.
8. Knicken Sie die vier Ecken an den Kanten des Pentagons nach innen, ebenfalls die Klebelaschen.
9. Geben Sie Klebstoff auf die Laschen und kleben das Unterteil zusammen.
10. Nehmen Sie den Blütendeckel und geben Klebstoff auf die Laschen. Geben Sie sie in das Innere des Unterteils und drücken die Klebelaschen an die Wände.

11. Nun können Sie die Flügel des Deckels zusammendrücken. Falten Sie sie etwas zur Seite, damit die Blütenblätter zusammenhalten.

Tischkärtchen

Um den Gästen bei Ihren Festlichkeiten ihre Plätze zuzuweisen, sind die hübschen Namens-Tischkärtchen ideal.

Materialien: Schablone 1 Schablone 4, Bleistift, Lineal, Geldstück, Fotokarton, Schere, Cutter.

1. Stellen Sie mit der Schablone 1 ein Pentagon her und schneiden es aus.
2. Markieren Sie die Mitte einer Kante und zeichnen einen Strich in der Mitte des Pentagons.

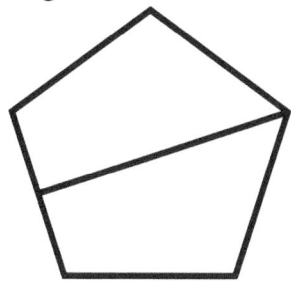

3. Legen Sie die Schablone 4 in die Mitte des Pentagons auf den Strich. Wählen Sie, welche Seite bei dem Tischkärtchen die Vorder- und Rückseite sein soll. Auf der Vorderseite ist der Stern ganz zu sehen, auf der Rückseite ist die Hälfte ausgeschnitten. Es ist auch entscheidend, ob das Tischkärtchen links die schmale oder lange Seite haben soll. Zeichnen Sie das Pentagramm.
4. Halten Sie die Schablone fest, damit sie nicht verrutscht.
5. Legen Sie das Pentagon mit der Sternschablone nach unten auf eine feste Unterlage.
6. Rubbeln Sie auf der Rückseite des Pentagons mit einem Geldstück die Kanten der Sternschablone, sodass sich der Stern abdruckt. Das ist die sogenannte Prägetechnik.

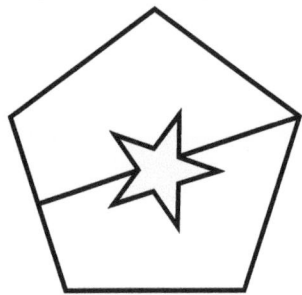

7. Auf der Hälfte, die auf dem Tischkärtchen die hintere Seite ergeben soll, können Sie den Stern nun mit dem Cutter einritzen. Lassen Sie 1 mm Rand stehen.
8. Zeichnen Sie auf der Rückseite des Pentagons einen Strich in der Mitte.
9. Ritzen Sie den Strich und knicken das Kärtchen ein.
10. Radieren Sie die Bleistiftlinien weg.
11. Die Namen können Sie mit einem Glitzer-Gelstift schreiben.

Tipp: Den Stern können Sie in mehreren Positionen auf das Kärtchen legen. Je nach Belieben.

Die klassische Grußkarte

Diese Grußkarte ist schlicht und einfach. Sie hat eine große Wirkung. Sie passt in alle gängigen Briefumschläge hinein. Man kann sie prima verschicken. Das Pentagramm-Symbol wird mit der Prägetechnik hergestellt.

Materialien: Schablone 3 und 4, 2 unterschiedliche Farben Fotokarton, Bleistift, Lineal, Cutter, Schere, Tesafilm, Klebstoff, Geldstück oder Stift

1. Stellen Sie aus dem Fotokarton ein Stück Pappe in der Größe von 15 cm x 31, 5 cm her.
2. Ziehen Sie einen Strich nach jeweils 10,5 cm und 21 cm und ritzen beide mit einem Cutter ein.

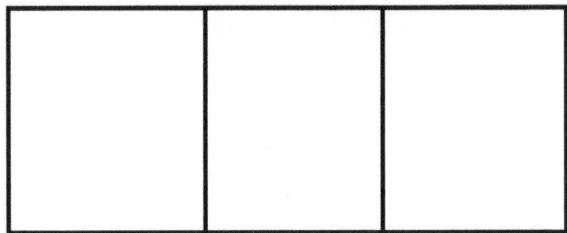

3. Ritzen Sie jeweils ½ mm links und rechts neben den Strichen noch mal eine Linie ein. Dadurch wird die Falz etwas breiter.
4. Falten Sie die linke Seite ein und dann die rechte darüber. Falten Sie sie auf.

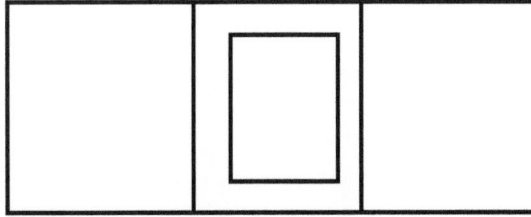

5. Erstellen Sie einen 2 cm breiten Rahmen in dem mittleren Rechteck. Dies ergibt ein Fenster.
6. Schneiden Sie aus dem andersfarbigen Karton ein Stück Pappe von der Größe 9 x 13 cm aus.
7. Markieren Sie die Mitte. Legen Sie darauf Schablone 4 und halten Sie sie gut fest, damit sie nicht verrutscht.

8. Legen Sie die Pappe mit der Schablone nach unten auf eine feste Unterlage.
9. Rubbeln Sie mit einem Geldstück oder dem Ende eines Stiftes die Umrisse nach, sodass sie sich in den Karton einprägen.
10. Drehen Sie den Karton um und legen Sie auf die Vorderseite auf die Umrisse des Sterns Schablone 3. Drehen Sie die Pappe wieder um und rubbeln die Umrisse nach.

11. Kleben Sie die Pappe mit durchsichtigem Klebeband auf die Innenseite des Fensters.
12. Klappen Sie die linke Seite der Karte auf das Fenster und kleben es fest. Fertig ist die Klappkarte.

Bunte Glitzersterne

Bunte selbstklebende Glitzerfolie gibt es in Dekorations- und Bastelläden in allen Farben: rot, gold, silber usw. Daraus lassen sich sehr schöne Glitzersterne herstellen, die an Wänden, Fenstern, Schränken, Spiegeln sehr dekorativ wirken.
Auch Kinder lieben diese Sterne. Sie kleben Sie es auf ihre Schulranzen, Federmäppchen und schmücken ihr Kinderzimmer. Die Möglichkeiten sind unbegrenzt.
Sie können sie in mehreren Größen herstellen. Verbinden Sie aus den Pentagon-Schablonen die Ecken, woraus sich die Sterne ergeben. Als vorgegebene Größe benutzen Sie Schablone 4.

Materialien: Schablone 4, Bleistift, Schere, Glitzerfolie

1. Nehmen Sie die Schablone 4.
2. Legen Sie sie auf die Glitzerfolie und zeichnen Sie die Ränder nach.
3. Schneiden Sie den Stern aus.

4. Ziehen Sie die Schutzfolie ab und kleben Sie den Stern an einen Ort Ihrer Wahl.

Untersetzer

Für jede Party werden Untersetzer gebraucht. Selbstgemachte, ob einfarbig oder bunt gemischt, bringen die Gäste zum Staunen. Auch mit passenden Servietten faszinieren Sie die Gäste. Durch die Klebefolie sind sie sogar wasserabweisend.

Materialien: Schablone 1, Schablone 2, Bleistift, durchsichtige Klebefolie, buntes Papier 80 g/m^2

1. Nehmen Sie Schablone 2.

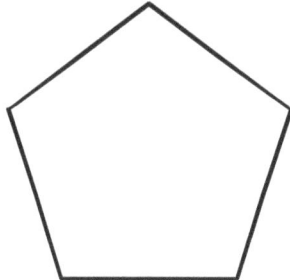

2. Legen Sie sie auf das Papier und zeichnen die Ränder nach.
3. Schneiden Sie das Pentagon aus.
4. Knicken Sie das Pentagon einmal in der Mitte. Der Knick reicht von einer Spitze bis zur Mitte der gegenüberliegenden Kante. Falten Sie es wieder auseinander und wiederholen Sie es mit allen 5 Ecken.

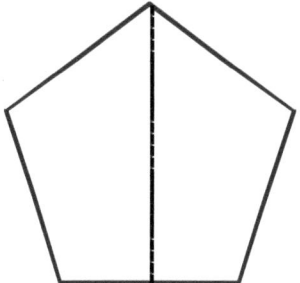

5. Die letzte Falte lassen Sie geschlossen. Es entstehen 5 gleichgroße Dreiecke. Falten Sie sie zick-zackförmig zusammen, sodass das Papier ein Dreieck bildet.

6. Sie können das Papierdreieck an allen drei Seiten einschneiden und mit Mustern versehen, z.B. Halb-Kreise, Dreiecke, Ovale usw. (siehe Zeichnung).
7. Falten Sie es wieder auseinander und radieren die Bleistiftlinien weg.
8. Nehmen Sie Schablone 1.
9. Legen Sie sie auf die durchsichtige Klebefolie und zeichnen Sie die Ränder nach.
10. Schneiden Sie das Pentagon aus.
11. Markieren Sie die Mitte der Kanten. Und verbinden Sie sie mit einem Strich, sodass ein Pentagon entsteht.
12. Ziehen Sie die Schutzfolie ab und legen Sie den Untersetzer auf die Klebeseite der Folie, sodass er genau in das innere Pentagramm passt.
13. Die überstehenden Kanten falten Sie auf der Rückseite und drücken sie fest. Es entsteht ein neuer Fünfstern.
14. Nehmen Sie Schablone 2 und fertigen Sie ein Pentagon aus der Folie in dieser Größe an und schneiden es aus.
15. Ziehen Sie die Schutzfolie ab und kleben Sie es auf die Rückseite des Untersetzers. Weil auf beiden Seiten Folie klebt, ist der Untersetzer wasserabweisend.

Ein Rahmen für eine Zeichnung

Dies ist ein Rahmen, in dem Sie Ihre Lieblingszeichnung hineinstecken können. Er verschönert die Wände in Ihren Räumen.

Materialien: Schablone 3, Schablone 4, Schere, 2 unterschiedliche Farben Fotokarton, Schere, Bleistift, Klebstoff, Folie vom Schnellhefter

1. Zeichnen Sie mit der Schablone 3 ein Pentagon auf den Fotokarton.

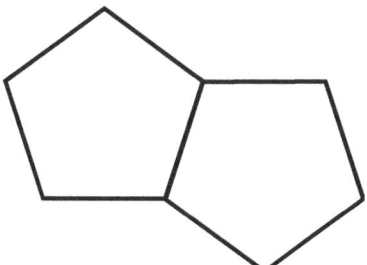

2. Legen Sie die Schablone an eine Kante des Pentagons und zeichnen ein weiteres Pentagon.

3. Wiederholen Sie den Schritt, indem Sie die Schablone an die rechte Seite des Pentagons legen, bis ein Pentagonkreis entsteht. Es sind 10 Pentagone zu zeichnen, bis der Kreis fertig ist.
4. Schneiden Sie den Kreis aus.
5. Zeichnen Sie mit der Schablone 4 insgesamt 10 Fünfecksterne auf einen andersfarbigen Fotokarton und schneiden Sie diese aus.
6. Kleben Sie die Sterne passend auf die Pentagone, sodass sie sich an den Zacken berühren.
7. Nehmen Sie die Vorderseite eines Schnellhefters, die aus Plastikfolie besteht und schneiden passend ein Stück für die Innenfläche des Pentagonkreises aus. Kleben Sie sie auf die Rückseite der Fläche. Damit ist die Zeichnung geschützt und sie glänzt sehr schön.
8. Legen Sie ihre Lieblingszeichnung von der Rückseite auf das Fenster. Benutzen Sie Klebstoff, den man wieder abziehen kann. Den gibt es in jedem Bastelladen. So können Sie nach einiger Zeit die Zeichnung auswechseln.

Windmühle I

Die Windmühlen sind für Dekorationszwecke auf Fensterbänken ein wahrer Blickfang. Stecken Sie sie einfach zwischen die Blumen. Damit Kinder sie mit nach draußen nehmen können, ist eine stabilere Variante aus Plastik zu empfehlen. Hierfür wird einfach die Rückwand eines Schnellhefters genommen.

Materialien: buntes Tonpapier oder Schnellhefter, Bleistift, Schablone 1, Schere, Lineal, 20 cm Draht, 2 Perlen, 32 cm langer Bambusstab, Nadel

1. Nehmen Sie die Schablone 1.

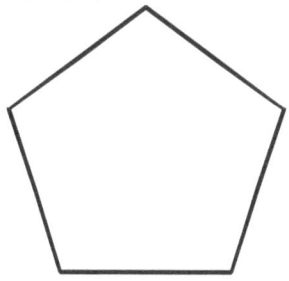

2. Legen Sie sie auf das Tonpapier.
3. Zeichnen Sie mit einem gut gespitzten Bleistift die Ränder nach, sodass ein Pentagramm entsteht.
4. Schneiden Sie das Pentagon aus.
5. Markieren Sie die Mitte des Pentagons. Markieren Sie hierfür an zwei Kanten die Mitte. Legen Sie ein Lineal bis zur gegenüberliegenden Spitze an und ziehen Sie einen kleinen Strich in der Mitte des Pentagons. Wenn Sie dies an einer zweiten Stelle wiederholen, überkreuzen sich die Striche. Diese Stelle ist der mittlere Punkt des Pentagons.
6. Stechen Sie mit der Nadel ein Loch in die Mitte.
7. Schneiden Sie an die Ecke bis 2,4 cm vor der Mitte des Pentagons ein.
8. Stechen Sie mit der Nadel 1 cm rechts neben den Schnitten in die Ecken hinein.

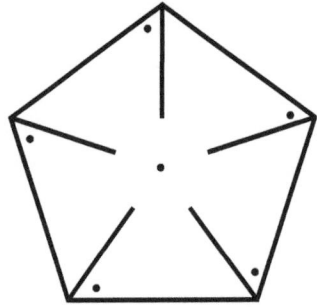

9. Radieren Sie die Bleistiftlinien weg.
10. Biegen Sie das Ende des Drahtes zu einer Schlaufe. Fädeln Sie eine Perle auf den Draht bis zur Schlaufe. Sie dient dazu, dass die Perle nicht abfällt.
11. Biegen Sie die eingeschnittenen Ecken nacheinander zur Mitte hin (nicht knicken) und stecken den Draht durch die Löcher. Als Letztes stecken Sie den Draht durch das Loch in der Mitte. Zwischen den Spitzen und der Rückseite der Windmühle sollten 2 cm Abstand liegen, damit die Windmühle frei rotieren kann.

12. Fädeln Sie die zweite Perle auf den Draht.
13. Wickeln Sie den restlichen Draht um das obere Ende des Bambusstabes herum.

Tipp: Stellen Sie Windmühlen in verschiedenen Größen her.

Windmühle II

Dies ist eine andere Version der Windmühle. Sie wird anders eingeschnitten. Daher erhalten die Flügel eine andere Form.

Materialien: buntes Tonpapier oder Schnellhefter, Bleistift, Schablone 1, Schere, Lineal, 20 cm Draht, 2 Perlen, 32 cm langer Bambusstab, Nadel

1. Nehmen Sie die Schablone 1.

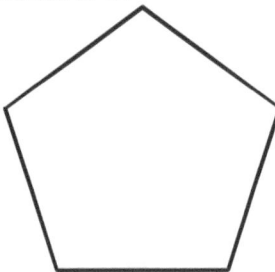

2. Legen Sie sie auf das Tonpapier.
3. Zeichnen Sie mit einem Bleistift die Ränder nach, sodass ein Pentagon entsteht.

4. Zeichnen Sie mithilfe eines Lineals ein Fünfeck in das Pentagon, indem Sie die Ecken mit einem Strich verbinden.

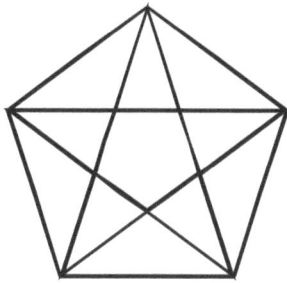

5. Schneiden Sie das Pentagon aus.
6. Schneiden Sie die rechte Seite der Zacke bis zum Ansatz der Kante des inneren Pentagons ein.
7. Tätigen Sie diesen Schritt bei allen fünf Zacken.
8. Markieren Sie die Mitte des Pentagons. Markieren Sie an zwei Kanten die Mitte. Legen Sie ein Lineal bis zur gegenüberliegenden Spitze an und ziehen Sie einen kleinen Strich in der Mitte des Pentagons. Wenn Sie dies an einer zweiten Stelle wiederholen überkreuzen sich die Striche. Diese Stelle ist der mittlere Punkt des Pentagons.

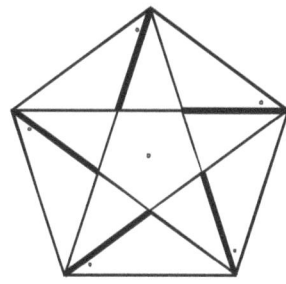

9. Stechen Sie mit der Nadel ein Loch in die Mitte.
10. Stechen Sie 1 cm rechts neben den Schnitten in den Ecken mit der Nadel hinein.
11. Radieren Sie die Bleistiftlinien weg.

12. Biegen Sie das Ende des Drahtes zu einer Schlaufe. Fädeln Sie die Perle auf den Draht bis zur Schlaufe. Sie dient dazu, dass die Perle nicht abfällt.
13. Biegen Sie die eingeschnittenen Ecken nacheinander zur Mitte hin (nicht knicken) und stecken den Draht durch die Löcher. Stecken Sie den Draht durch das Loch in der Mitte. Zwischen den Spitzen und der Rückseite der Windmühle sollten 2 cm Abstand liegen, damit die Windmühle frei rotieren kann.
14. Fädeln Sie die zweite Perle auf den Draht.
15. Wickeln Sie den restlichen Draht an das obere Ende des Bambusstabes.

Ein kleines Liebesbrieflein

Wenn Sie Ihren Lieben ein paar liebe Worte mit einem faszinierenden Brief in der Form eines Pentagramms zum auf- und zuklappen schreiben wollen, ist dies genau das Richtige.

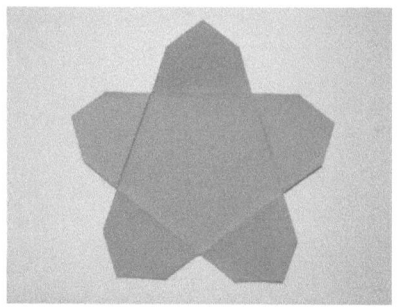 

Materialien: Schablone 1, Schere, Lineal, Bleistift, Tonpapier

1. Nehmen Sie die Schablone 1.

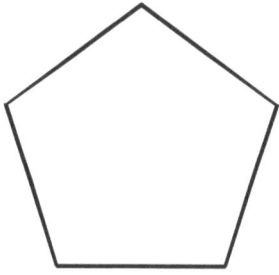

2. Legen Sie sie auf den Fotokarton.
3. Zeichnen Sie mit einem gut gespitzten Bleistift die Ränder nach, sodass ein Pentagon entsteht.
4. Schneiden Sie das Pentagon aus.
5. Markieren Sie an zwei Kanten die Mitte. Legen Sie ein Lineal bis zur gegenüberliegenden Spitze an und ziehen Sie einen kleinen Strich in der Mitte des Pentagons. Wenn Sie dies an einer

zweiten Stelle wiederholen, überkreuzen sich die Striche und diese Stelle ist der mittlere Punkt des Pentagons.
6. Knicken Sie die Spitzen des Pentagons bis zur Mitte.
7. Die kleinen Dreiecke, an denen sich die Knicke überschneiden, werden ausgeschnitten. Es entsteht eine fünfeckige Blütenform (siehe Foto).

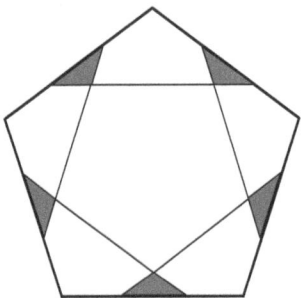

8. Klappen Sie die Ecken der Reihe nach zur Mitte hin, sodass eine die andere überdeckt. Von der letzten Spitze drücken Sie die Ecke unter die erste Spitze. So hält der Brief zusammen und ist geschlossen. Sie können ihn zu und aufklappen. Es entsteht ein neues Pentagon.
9. Radieren Sie die Bleistiftreste weg.

Tipp: Sie können einen kleinen Zettel hineinlegen. Um es zu versiegeln geben Sie in der Mitte einen kleinen selbstklebenden Stern darauf.

Bilderrahmen einfach

Dies ist ein hübscher Schmuckbilderrahmen, in den Sie Ihre Lieblingsbilder hineinstecken können.

Materialien: Schablone 1, Schere, Lineal, Bleistift, Tonpapier

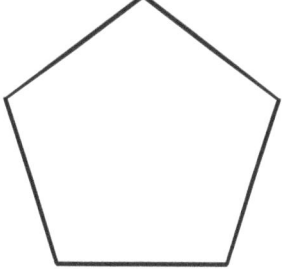

1. Nehmen Sie die Schablone 1.
2. Legen Sie sie auf das Tonpapier.
3. Zeichnen Sie mit einem gut gespitzten Bleistift die Ränder nach, sodass ein Pentagon entsteht.
4. Schneiden Sie das Pentagon aus.
5. Markieren Sie die Mitte des Pentagons. Markieren Sie an zwei Kanten die Mitte. Legen Sie ein Lineal bis zur gegenüberliegen-

den Spitze an und ziehen Sie einen kleinen Strich in der Mitte des Pentagons. Wiederholen Sie dies an einer zweiten Stelle, dann überkreuzen sich die Striche und diese Stelle ist der mittlere Punkt des Pentagons.
6. Knicken Sie die Spitzen des Pentagons bis zur Mitte.
7. Die kleinen Dreiecke an denen sich die Knicke überschneiden, werden ausgeschnitten. Es entsteht eine fünfeckige Blütenform. Knicken Sie die Ecken zur Mitte hin um.

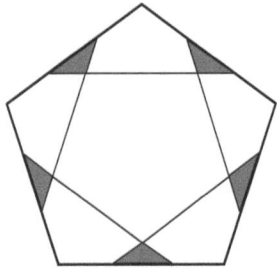

8. Die fünf Spitzen knicken Sie nach außen. Knicken Sie sie bis zur Kante des neu entstehenden Pentagons, das Sie auf der Zeichnung in der Mitte sehen (siehe ebenfalls Foto).
9. Klappen Sie die Kanten der Reihe nach im Uhrzeigersinn übereinander. Von der letzten Spitze drücken Sie die Ecke unter die erste Spitze. So hält der Bilderrahmen zusammen. Es entsteht ein neues Pentagon. Sie können ihn zu- und aufklappen und wenn Sie möchten, ein Foto hineinlegen.
10. Radieren Sie die Bleistiftreste weg.
11. Schneiden Sie ein Foto in der Form eines Pentagons zurecht, damit es in den Bilderrahmen passt.
12. An die obere Ecke können Sie auf der Rückseite eine Schlaufe aus einem Faden mit Tesafilm befestigen. Somit können Sie den Rahmen an die Wand hängen.

Bilderrahmen Deluxe

Um dem Bilderrahmen noch mehr Aufmerksamkeit zu geben, ist ein schöner äußerer Rahmen in Blütenform zu empfehlen.

Materialien: Schablone 1, Schere, Lineal, Bleistift, Tonpapier

Für den inneren Rahmen gehen Sie wie folgt vor:

Schritt 1. - 5. wie oben bei Bilderrahmen einfach.

6. Die fünf Spitzen knicken Sie nach außen. Knicken Sie sie in Richtung der Kante des neu entstehenden Pentagons, das Sie auf der Zeichnung in der Mitte sehen (siehe ebenfalls Foto). Richten Sie sich bei diesem Bilderrahmen nach der Linie zwischen den Falten. Der Rahmen wird bei dieser Version etwas breiter.

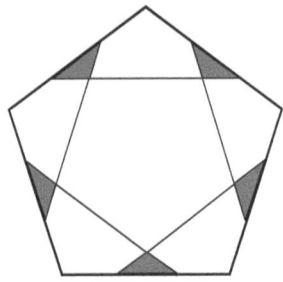

7. Klappen Sie die Kanten der Reihe nach im Uhrzeigersinn übereinander. Von der letzten Spitze drücken Sie die Ecke unter die erste Spitze. Es entsteht ein neues Pentagon. So hält der Bilderrahmen zusammen. Sie können ihn zu- und aufklappen.

8. Radieren Sie die Bleistiftreste weg.
9. Schneiden Sie ein Foto in der Form eines Pentagons zurecht, damit es in den Bilderrahmen passt.

Der äußere Rahmen:

Materialien: Schablone 1, goldener Fotokarton, Bilderöse Größe 1, Tesafilm, Schere, Lineal, Bleistift, Gummiband.

Schritt 1. - 5. wie oben bei Bilderrahmen einfach.

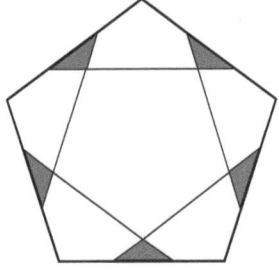

6. Da der Karton zu dick ist, können Sie die Ecken nicht bis zur Mitte falten. Zeichnen Sie die Stelle für die Knicke ein und ritzen sie mit dem Cutter ein. Markieren Sie das Pentagon nach 2,5 cm an den Kanten links und rechts von den Ecken.
7. Ziehen Sie mit einem Bleistift die Verbindungslinien, sodass in der Mitte das Pentagon entsteht. Ritzen Sie die Linien mit dem Cutter ein.

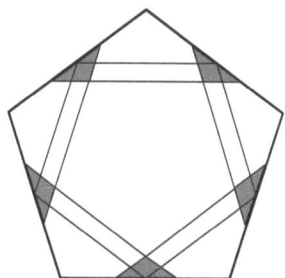

8. Markieren Sie an allen fünf Kanten die Mitten und verbinden Sie sie mit einem Strich.
9. Schneiden Sie die markierten Dreiecke, die Sie in der Zeichnung sehen, aus dem Pentagon heraus.
10. Die fünf Ecken knicken Sie nach außen.
11. Klappen Sie die fünf Spitzen der Reihe nach im Uhrzeigersinn zur Mitte hin, sodass eine die andere überdeckt. Es entsteht eine neue Blütenform. Damit der Bilderrahmen zusammenhält, können Sie ein schmales Gummiband oder ein goldfarbenes Band um die Blütenecken herumlegen. Es drückt die Blüten zusammen, ohne gesehen zu werden. Und sie können jederzeit den inneren Rahmen herausnehmen oder das Foto auswechseln.
12. Radieren Sie die Bleistiftreste weg.
13. An der Rückseite können Sie entweder eine Schlaufe aus einem Faden befestigen oder eine Bilderöse mit Tesafilm festkleben. So können Sie den Bilderrahmen Deluxe aufhängen.

Ein Pentagramm als Dekoration

Dieses Pentagramm kann als Dekoration, z.B. an Gardinen oder anderen Stoffen benutzt werden. An der Rückseite ist eine kleine Sicherheitsnadel angebracht. Damit kann man es an alle Stoffe stecken.

Materialien: Schablone 4, Foto- oder Plakatkarton, Bleistift, Schere, Sicherheitsnadel ca. 2,5 cm lang, durchsichtiges Klebeband.

1. Stellen Sie mit der Schablone 4 aus dem Foto- oder Plakatkarton ein Pentagramm her und schneiden es aus.
2. Auf der Rückseite befestigen Sie mit einem durchsichtigen Klebeband die Sicherheitsnadel. Führen Sie sie durch die Sicherheitsnadel und kleben Sie sie an den Stern, so ist sie beweglich.
3. Stecken Sie den Stern an die Gardine.
4. Stellen Sie mehrere Sterne auf dieselbe Weise her und dekorieren Sie Ihr Fenster.

Tipp: Wenn Sie statt der Sicherheitsnadel einen kleinen Magneten auf die Rückseite des Sterns kleben, können Sie ihn an Metall befestigen, wie z.B. Kühlschrank oder Türrahmen.

Ein Geschenkanhänger

Verschönern Sie Ihre Geschenke mit einem selbst gebastelten Geschenkanhänger.

Materialien: Schablone 3, Fotokarton, selbstklebende Sterne 1 cm Durchmesser, Locher, Geschenkband, Schere, Bleistift, Cutter.

1. Zeichnen Sie mit der Schablone 3 auf den Fotokarton ein Pentagon.
2. Legen Sie die Schablone an eine Kante des Pentagons und zeichnen ein weiteres Pentagon.

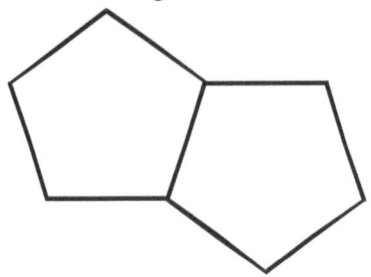

3. Schneiden Sie die Figur aus.
4. Ritzen Sie die Mittellinie zwischen den beiden Pentagonen mit dem Cutter leicht ein, so lässt sich der Anhänger einfacher zusammenfalten.
5. Falten Sie den Anhänger zusammen.
6. Knipsen Sie mit dem Locher in die linke obere Ecke ein Loch hinein.

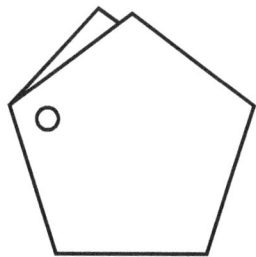

7. Bekleben Sie die Vorderseite mit kleinen selbstklebenden Sternen, die Sie in jedem Bastelladen erhalten.
8. Führen Sie ein Geschenkband durch das Loch und verknoten das Ende.
9. Befestigen Sie den Anhänger an einem Geschenk.

Eine Pentagramm-Glitzerbrosche

Aus diesem Pentagramm wird eine zauberhafte glitzernde Brosche, die mit kleinen goldenen Sternen besetzt ist. Durch die Anstecknadel auf der Rückseite kann man sie sich zu vielen Gelegenheiten anstecken. Der Stern besteht aus 3 Lagen, damit er stabil ist, zuerst aus der Plastikfolie von dem Schnellhefter, dann aus der Pappe und zuletzt aus dem silbernen Fotokarton. Darauf werden Klebstoff, Glitzer und Alu-Sterne gegeben und mit Klarlack fixiert.

Materialien: Schablone 4, silberner Fotokarton, Plastikrückwand eines Schnellhefters, dicke Pappe, silberner Glitzer oder Glimmer, Schere, Bleistift, Klebstoff, Klarlack evtl. zum Sprühen, goldene Alusterne Durchmesser 1 cm, Anstecknadel, Heißklebepistole.

1. Stellen Sie mit der Schablone 4 auf dem Fotokarton ein Pentagramm her und schneiden es aus.
2. Stellen Sie ein Pentagramm aus der Pappe und aus der Schnellhefterrückwand her und schneiden Sie es aus.

3. Geben Sie Klebstoff auf das Plastikfolienpentagramm, legen Sie die Pappe darauf und pressen beides zusammen.
4. Geben Sie Klebstoff auf das Papp-Pentagramm und pressen Sie den Fotokarton darauf.
5. Geben Sie Klebstoff auf den Fotokarton und streuen Sie den Glitzer darüber. Kleben Sie die Alu-Sterne auf den Glitzer.
6. Fixieren Sie es mit Klarlack.
7. Wenn alles getrocknet ist, benutzen Sie eine Heißklebepistole. Damit wird die Anstecknadel fest auf der Rückseite angebracht. Fertig ist der Stern zum Anstecken.

3-D Fünfstern

Wenn der Fünfstern über der Fensterbank hängt und genügend Platz hat, dreht er sich angetrieben von der warmen Heizungsluft anmutig um sich selbst.

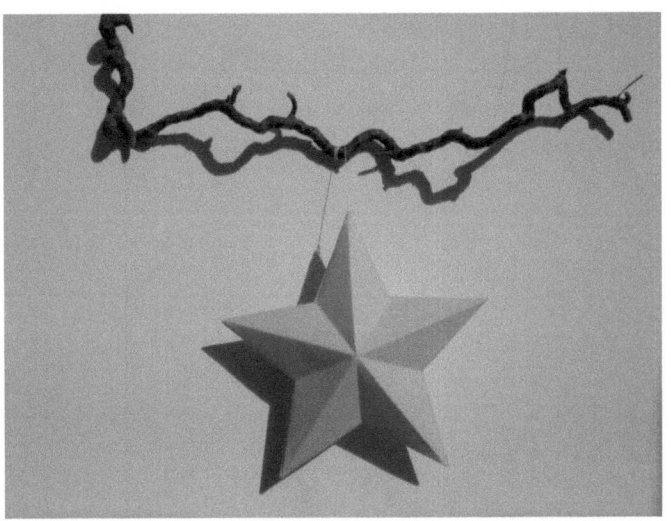

Materialien: Schablone 1, Lineal, Bleistift, buntes Tonpapier, Schere, Kleber, Bindfaden, Cutter.

1. Nehmen Sie die Schablone 1.

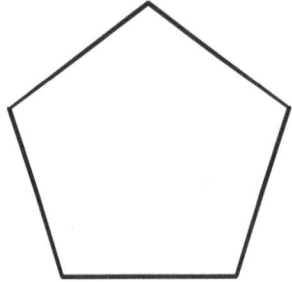

2. Legen Sie sie auf das Tonpapier und zeichnen die Ränder nach.
3. Schneiden Sie das Pentagon aus.

4. Markieren Sie die Mitte der Kanten.
5. Ritzen Sie mit dem Cutter die Linien in der Mitte des Pentagons ein (von der Spitze bis zur gegenüberliegenden Kantenmitte, siehe gestrichelte Linie in Zeichnung). Wiederholen Sie es bei allen 5 Ecken.

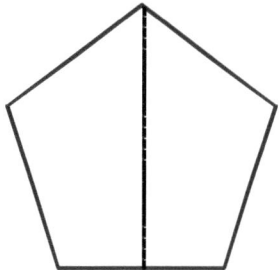

6. Damit der Stern 3-D erscheint, müssen die Ritze räumlich gefaltet werden. Falten Sie das Pentagon, sodass die Falten auf der Vorderseite erhaben erscheinen. Von den Ecken des Pentagons bis zur Mitte sind die Falten erhaben. Und die übrigen Knicke liegen tiefer. Es erfordert etwas Feingefühl und Fingerfertigkeit. Richten Sie sich nach der Zeichnung. Durchgezogene Striche sind erhaben und gepunktete Linien sind tief.

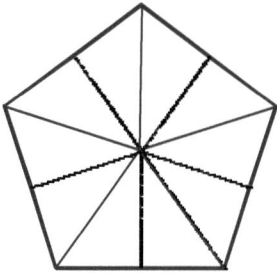

7. Schneiden Sie einen 2 cm langen Schnitt von der Mitte der Kante bis zum Mittelpunkt des Pentagons. Orientieren Sie sich an den Falten.

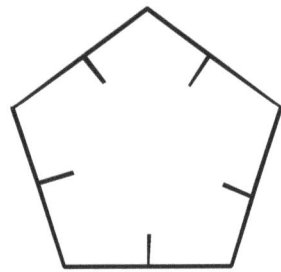

8. Verbinden Sie die Enden der Striche mit den danebenliegenden Spitzen des Pentagons mit einem Bleistiftstrich. Es entsteht ein Fünfstern. Die Dreiecke, werden als Klebelasche verwendet.

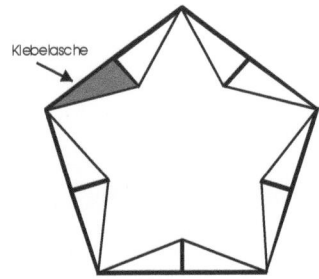

9. Ritzen Sie mit einem Cutter die Seiten des Fünfsterns leicht ein.
10. Knicken Sie die Lasche entlang der Kante des Sterns nach innen.

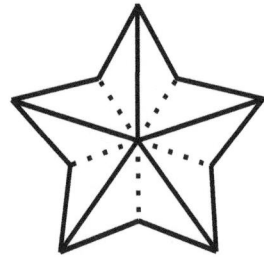

11. Auf der Innenseite kommen die Klebelaschen zusammen, überlappen sich aber nicht. Kleben Sie sie mit einem Stück Tesafilm zusammen, damit sie nicht auseinanderklaffen. Der Stern erhält so Stabilität. Dies ist die erste Sternhälfte.

12. Stellen Sie eine zweite Sternhälfte her, indem Sie Schritt 1 -11 wiederholen.
13. Kleben Sie die beiden Sternhälften sorgfältig übereinander, sodass die Sternspitzen genau aufeinanderpassen.
14. Fädeln Sie einen Bindfaden durch eine Sternenspitze und knoten ihn zusammen.
15. Suchen Sie einen schönen Ast. Umwickeln Sie ihn mit einem Streifen Geschenkband. Hängen Sie den Stern daran. Dies ist eine sehr schöne Dekoration.
16. Befestigen Sie einen Faden an jeder Seite des Astes, so kann er waagrecht in der Luft hängen.

Das Mobilé

Ein wahrer Blickfang ist dieses filigrane Meisterwerk. Lautlos schweben die Sterne durch die Luft und drehen sich anmutig um sich selbst. Hängen Sie es an einen Ort mit wenig Luftzug, da es auf den leichtesten Hauch reagiert. Es hat eine beruhigende Wirkung auf angespannte Nerven.
Die 10-zackigen Sterne an dem Mobilé bestehen aus je 2 übereinandergeklebten Pentagrammen.

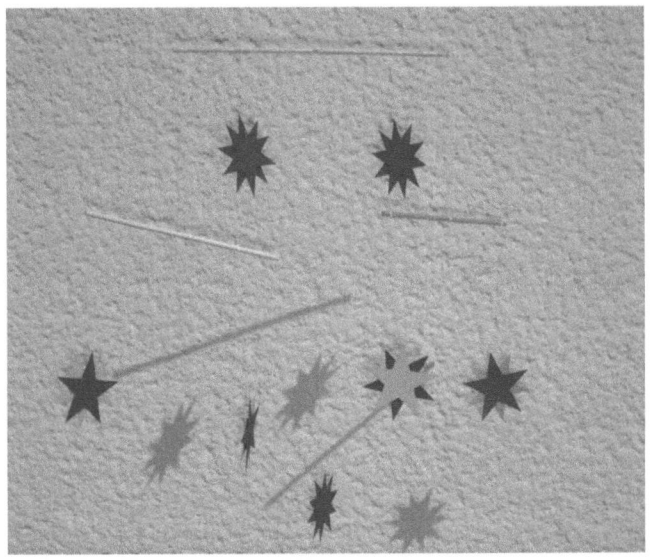

Materialien: Schablone 4, 3 unterschiedliche Farben Fotokarton in hellblau, dunkelblau und Silber, Bindfaden oder Nylonfaden, Schere, Bleistift, Klebstoff, dünne Holzstäbchen.

1. Stellen Sie mit der Schablone 4 neun Pentagramme in Dunkelblau, zwei in Hellblau und zwei in Silber her.
2. Radieren Sie die Bleistiftreste weg.
3. Stellen Sie Fäden in 20 cm, einen in 44 cm und einen langen her, der zum Aufhängen dient.

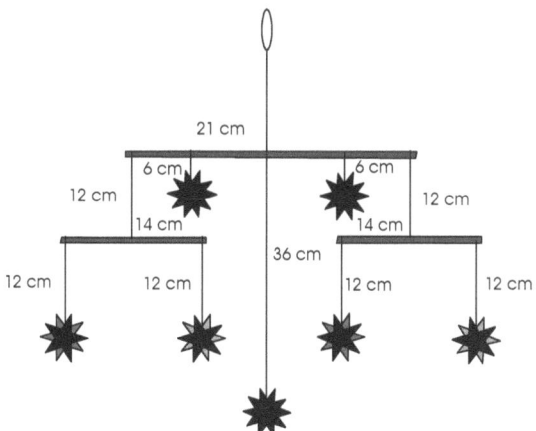

4. Es werden jeweils 2 Sterne übereinander geklebt. Dabei entstehen die 10-zackigen Sterne. Zwischen beide Sterne geben Sie Klebstoff und darauf ein Fadenende. Stellen Sie 3 Sterne her mit Vorder- und Rückseite dunkelblau. 2 Sterne in hellblau/dunkelblau und 2 Sterne in silber/dunkelblau. In einen einfarbigen dunkelblauen Stern kleben Sie das Ende des 44 cm langen Fadens.
5. Stellen Sie 3 Holzstäbchen her, eins mit 21 cm Länge und 2 mit 14 cm Länge.
6. Oben wird das lange Stäbchen angebracht. An den beiden Enden knoten Sie je einen Faden fest, Daran wird je ein Stäbchen geknotet, sodass sie jeweils 12 cm herabhängen.
7. Knoten Sie die Fäden an die Stäbchen. Die Maße und die Plätze für die Sterne erkennen Sie auf der Zeichnung.
8. Wenn Sie das Mobilé aufhängen, schieben Sie die Fäden soweit hin und her, bis es die Balance hält. Wenn ein Stäbchen sehr zu einer Seite hängt, schieben Sie die Knoten in die Richtung in der es hängt, damit die Gewichtverteilung ausgeglichen wird.
9. Die überstehenden Fadenenden schneiden Sie ab.

Das Lesezeichen „Magic Star"

Eselsohren und Büroklammern sind „Out". Das Lesezeichen „Magic Star" ist „In". Sie können es über eine Buchseite stecken und schon weist es Sie wieder dorthin, wenn das Buch geschlossen ist. Für eine stabilere Variante nehmen Sie die Plastik-Rückseite eines Schnellhefters.

Materialien: Schablone 3, Fotokarton oder Rückseite eines Schnellhefters, Klebefolie, Schere, Bleistift, Lineal.

Die beiden Varianten auf dem Bild unterscheiden sich in einer unterschiedlichen Einschneideform.

1. Variante (rote Glitzerfolie)
1. Nehmen Sie die Schablone 3.
2. Legen Sie sie auf den Fotokarton.
3. Zeichnen Sie mit einem gut gespitzten Bleistift die Ränder nach, sodass ein Pentagon entsteht.
4. Schneiden Sie das Pentagon aus.

5. Zeichnen Sie mit Hilfe eines Lineals ein Pentagramm/Fünfeck in das Pentagon, indem Sie die Ecken mit einem Strich verbinden.

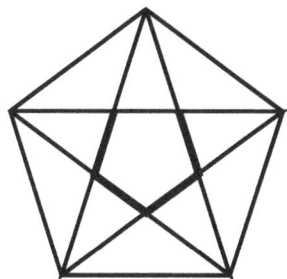

6. Schneiden Sie die vier Seiten des inneren kleinen Pentagons ein.
7. Bekleben Sie das Pentagon von beiden Seiten mit Glitzerfolie. Überkleben Sie die Kanten mit der Glitzerfolie, damit das Lesezeichen haltbarer ist. Schneiden Sie die 4 Seiten des Pentagons von der Klebefolie aus.

Zweite Variante (goldener Fotokarton)

1. Nehmen Sie die Schablone 3.
2. Legen Sie sie auf den Fotokarton.
3. Zeichnen Sie mit einem gut gespitzten Bleistift die Ränder nach, sodass ein Pentagon entsteht.
4. Schneiden Sie das Pentagon aus.
5. Markieren Sie die Mitten der Kanten.

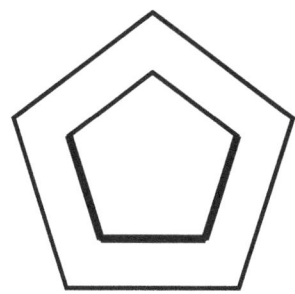

6. Legen Sie ein Lineal von einer Ecke bis zur gegenüberliegenden Kantenmitte und markieren das Pentagon nach 1,5 cm neben der Ecke. Wiederholen Sie es bei allen 5 Ecken.
7. Verbinden Sie die Markierungen. Es entsteht ein Pentagon.
8. Schneiden Sie drei Seiten des Pentagons ein.
9. Radieren Sie die Bleistiftreste weg. Fertig, um es über eine Buchseite zu stecken.

Danksagung:

Ich bedanke mich bei meinen Eltern Waltraud und Albert Rennert, dass sie immer für mich da waren und bei meiner Freundin Susanne Schidzik für Ihre liebevolle Unterstützung.

Weitere Bücher von der Autorin

Wenn Ihnen dieses Buch Spaß bereitet hat, schauen Sie nach den anderen Büchern von Susanne Rennert.

Die finden Sie bei:
http://www.die-zauberkiste.de

Da finden Sie viele kostenlose Downloads zum Thema Zaubern, Spiele und Basteln.

oder bei Amazon.
http://astore.amazon.de/wwwdiezauberk-21

Videos über Zaubern gibt es bei Youtube.
Meinen Kanal finden Sie hier.
www.youtube.com/diezauberkiste

Besuchen Sie mich auch bei Facebook:
www.facebook.com/diezauberkiste

Die Zauberschule

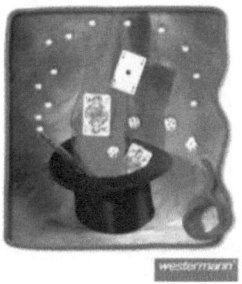

Grundschulkindern bietet die Planung und Durchführung von Zaubertricks vielfältige fächerübergreifende Lernmöglichkeiten: Schulung der Konzentration, Übung des sinnentnehmenden Lernens, Umsetzung von Skizzen und Anleitungen, Stärkung des Selbstwertgefühls. Anhand von über 20 großen und kleinen Tricks zeigt die Autorin, wie Zaubern in der Schule aussehen kann. Westermann Verlag, 92 Seiten, DIN A 4.

Tolle Zaubertricks für Kinder

Du wünschst dir, dass deine Freunde dich bewundern und dich zu jeder Fete einladen? Du möchtest beliebt sein und vor deiner Klasse glänzen? Du willst deine Eltern zum Staunen bringen? Du sollst schnelle Erfolge haben, es soll leicht lernbar sein und wenig kosten? Lerne Zaubern! In diesem Buch werden Zaubertricks und Anleitungen beschrieben, wie eine Zaubervorstellung entsteht. Materialien, die dafür benötigt werden, können leicht hergestellt werden. Das Basteln des Zubehörs, Zauberstab, Zauberhut gehört gleich mit dazu.

ISBN 3735750958
Erhältlich bei der Autorin info@die-zauberkiste.de

Kinder basteln mit Naturmaterialien: Frühling

In diesem Buch werden Bastelideen für Kinder für den Frühling beschrieben. Es geht darum, die Natur wieder mit allen Sinnen zu erleben, sie zu berühren, anzufassen, wahrzunehmen, das Lebendige in den Materialien zu erfahren. Dazu gehört es, in die Natur zu gehen und die Materialien selbst zu sammeln, den Ort zu erleben, an dem sie gewachsen und gediehen sind. Ebenso wird Ostern miteinbezogen und das Eierfärben mit Naturfarben. Das gemeinsame Suchen der Materialien bringt Freude und Erfolgserlebnisse beim Basteln. Eingebettet in Aktions-Spiele rund um das Kräutersammeln wird es zum Erlebnis, wodurch Begeisterung und Faszination entstehen. In diesem Buch findest man Kunstwerke aus Papier als auch Produkte aus Baumwolle. Auch die stammen aus der Natur. Aus dem Inhalt: Eier färben mit Naturmaterialien, z.B. Eier färben mit Zwiebelschalen oder Lesezeichen mit Blüten. Spiele: z.B. Wer findet die meisten Pflanzen? Welche Pflanze bist Du? Spiel: Welche Pflanze bin ich? Basteln: Ein Teelichtständer.

ISBN-13: 978-3734748363

Kostenlose E-Books finden und downloaden

Lesen Sie gerne? Aber Sie möchten nicht viel Geld ausgeben oder am besten gar kein Geld?
Dann sind Sie hier richtig. Hier gibt es Empfehlungen, auf welchen Seiten Sie im Internet kostenlose E-Books downloaden können. Wie das geht, erfahren Sie in diesem Buch und dafür brauchen Sie nicht unbedingt einen E-Reader. Es reicht ein PC, ein Smartphone oder ein Tablet. Sie werden staunen, welche Schätze das Internet bereithält. Welche Lesegräte brauchen Sie und welche eignen sich am besten? Erfahren Sie Insider-Tipps über gratis E-Books aus allen Bereichen.

3. überarbeitete Auflage, mehr Seiten und mehr Informationen.
ISBN 978-3-7357-8133-8